Alioune NDIAYE

Ousmane Sonko : la controverse politique au cœur du Sénégal moderne

AF308317

Alioune NDIAYE

Ousmane Sonko : la controverse politique au cœur du Sénégal moderne

Dictus Publishing

Imprint

Any brand names and product names mentioned in this book are subject to trademark, brand or patent protection and are trademarks or registered trademarks of their respective holders. The use of brand names, product names, common names, trade names, product descriptions etc. even without a particular marking in this work is in no way to be construed to mean that such names may be regarded as unrestricted in respect of trademark and brand protection legislation and could thus be used by anyone.

Cover image: www.ingimage.com

Publisher:
Dictus Publishing
is a trademark of
Dodo Books Indian Ocean Ltd. and OmniScriptum S.R.L publishing group

120 High Road, East Finchley, London, N2 9ED, United Kingdom
Str. Armeneasca 28/1, office 1, Chisinau MD-2012, Republic of Moldova, Europe
Printed at: see last page
ISBN: 978-613-7-35744-6

Copyright © Alioune NDIAYE
Copyright © 2024 Dodo Books Indian Ocean Ltd. and OmniScriptum S.R.L publishing group

Ousmane Sonko : la controverse politique au cœur du Sénégal moderne

Alioune NDIAYE

Expert en développement international

Ecrivain

Agent au Ministère de la Formation professionnelle

Juillet 2024

Préface du Ministre de la Formation Professionnelle

C'est avec un grand honneur et une profonde appréciation que je rédige la préface de ce remarquable ouvrage, "Ousmane : La controverse politique au cœur du Sénégal moderne". En tant que Ministre de la Formation Professionnelle, je suis convaincu que la compréhension des dynamiques politiques et sociales de notre pays est cruciale pour la formation de citoyens éclairés et engagés.

Ce livre, à travers l'analyse de la figure centrale d'Ousmane, offre une fenêtre précieuse sur les complexités de la politique sénégalaise contemporaine. Il explore les défis auxquels nous faisons face, en tant que nation, dans notre quête de développement et de modernisation. Les débats et les controverses décrits dans ces pages sont le reflet de notre vivacité démocratique et de notre engagement collectif à forger un avenir meilleur pour tous les Sénégalais.

La formation professionnelle, au cœur de mon ministère, ne se limite pas à l'acquisition de compétences techniques et pratiques. Elle englobe également l'éducation civique et politique, essentielle pour construire une société où chaque individu comprend son rôle et ses responsabilités. La lecture de cet ouvrage enrichira certainement les réflexions et les discussions de nos étudiants, formateurs et décideurs, en les aidant à mieux appréhender les enjeux de notre temps.

Je salue l'auteur pour son travail rigoureux et son engagement à éclairer le public sur des questions cruciales. Ce livre n'est pas seulement une étude politique; il est une invitation à la réflexion et à l'action. Il rappelle à chacun de nous l'importance de la participation active et de l'implication dans la vie publique.

En conclusion, je recommande vivement "Ousmane : La controverse politique au cœur du Sénégal moderne" à tous ceux qui aspirent à une compréhension approfondie et nuancée de notre paysage politique. Que cet ouvrage inspire de nouvelles générations de leaders à œuvrer pour un Sénégal plus juste, plus démocratique et plus prospère.

Amadou Moustapha Ndieck SARRE

Ministre de la Formation Professionnelle

porte –parole du gouvernement

Note introductive de l'auteur

"Ousmane Sonko : La controverse politique au cœur du Sénégal moderne" est une œuvre qui plonge profondément dans les arcanes de la politique sénégalaise contemporaine. Ce livre offre une analyse minutieuse et critique des dynamiques politiques qui ont façonné le Sénégal d'aujourd'hui, en se focalisant sur la figure emblématique d'Ousmane Sonko, un personnage central dans le paysage politique du pays.

À travers ce récit, l'auteur explore les enjeux et les défis auxquels est confrontée la démocratie sénégalaise. Il met en lumière les tensions entre tradition et modernité, ainsi que les luttes de pouvoir qui définissent l'ère actuelle. Ousmane Sonko incarne à la fois les espoirs et les contradictions d'un pays en pleine mutation, où les aspirations à la modernité se heurtent souvent aux réalités socio-politiques héritées du passé.

L'ouvrage se distingue par son approche rigoureuse et documentée, offrant une perspective éclairante sur les stratégies politiques, les alliances et les rivalités qui animent la scène sénégalaise. Il invite le lecteur à une réflexion profonde sur la nature du pouvoir, la gouvernance et la participation citoyenne dans un contexte post-colonial marqué par des défis complexes.

En somme, "Ousmane Sonko : La controverse politique au cœur du Sénégal moderne" est une contribution essentielle pour quiconque souhaite comprendre les mécanismes politiques du Sénégal actuel. Il s'adresse non seulement aux chercheurs et étudiants en sciences politiques, mais aussi à tout lecteur désireux de saisir les subtilités et les enjeux d'un pays en pleine transformation.

Introduction

Ousmane Sonko est reconnu comme un leader politique phénoménal au Sénégal en raison de son engagement indéfectible envers les idéaux de justice, de transparence et de développement inclusif. Son ascension rapide sur la scène politique sénégalaise témoigne de sa capacité à mobiliser et à inspirer un large soutien populaire, en particulier parmi les jeunes et les couches les plus défavorisées de la société.

En tant que leader charismatique et visionnaire, Sonko a su incarner les aspirations d'une grande partie de la population sénégalaise en proposant une alternative politique crédible et novatrice. Son discours franc et sans compromis, ainsi que ses propositions de réformes audacieuses, ont résonné auprès de nombreux citoyens fatigués du statu quo politique et en quête de changement véritable.

Sonko a également su se démarquer par son intégrité personnelle et son refus de se compromettre face aux pressions politiques ou économiques. Il est perçu comme un défenseur inflexible des intérêts du peuple sénégalais, mettant en avant la lutte contre la corruption, la promotion de la justice sociale et la protection des droits fondamentaux.

Enfin, Sonko a su s'imposer comme un leader capable de mobiliser les foules et de susciter l'espoir d'un avenir meilleur pour le Sénégal. Sa capacité à rassembler et à inspirer les citoyens en fait une figure emblématique de l'opposition politique au Sénégal et un acteur majeur dans le paysage politique du pays.

Chapitre 1 : Présentation de Ousmane Sonko : son parcours, ses idéaux politiques et son influence dans le paysage politique sénégalais.

Ousmane Sonko est une figure politique majeure au Sénégal, dont le parcours et les idéaux politiques ont profondément marqué le paysage politique sénégalais contemporain. Né le15 juillet 1974 à Thiès, Sonko a grandi à Ziguinchor ; à Thiès dans une famille très courageuse avec la prégnance de l'éducation de sa grand-mère. Son parcours académique l'a conduit à fréquenter plusieurs établissements de l'élémentaire au secondaire .Il a poursuit ses études de droit à l'Université Gaston Berger de Saint Louis, avant qu'il n'entame sa carrière professionnelle dans l'administration sénégalaise en tant qu'inspecteur des impôts et domaines.

Dès ses débuts, Sonko s'est engagé dans la lutte contre la corruption et les injustices sociales au Sénégal. Son discours politique s'articule autour de la promotion de la transparence, de la bonne gouvernance et de la justice sociale. Il critique ouvertement les élites politiques et économiques du pays, accusées de favoriser les intérêts de quelques-uns au détriment du bien-être de la population.

Sonko s'est rapidement imposé comme une voix dissidente au sein du paysage politique sénégalais, attirant à la fois l'admiration de ses partisans pour son franc-parler et sa détermination, ainsi que la méfiance de ses détracteurs pour ses positions souvent radicales et contestataires. Son influence politique ne cesse de croître, en particulier parmi les jeunes et les classes populaires, qui voient en lui un leader capable de porter leurs aspirations et de défendre leurs intérêts.

Dans cette étude, nous explorerons en détail le parcours, les idéaux politiques et l'influence de Ousmane Sonko dans le contexte du paysage politique sénégalais moderne.

Nous examinerons également son impact sur les politiques et les débats publics, ainsi que les défis auxquels il a été confronté tout au long de sa carrière politique. De ses premiers pas en tant que fonctionnaire à son ascension en tant que leader politique charismatique, nous analyserons comment Sonko a réussi à se positionner comme une force incontournable dans la politique sénégalaise contemporaine.

En outre, nous étudierons en profondeur ses idéaux politiques, qui sont souvent perçus comme radicaux et révolutionnaires par certains, mais inspirants et nécessaires par d'autres. Nous explorerons comment ses propositions de réformes et son plaidoyer pour une gouvernance plus transparente et équitable ont contribué à façonner le débat politique au Sénégal et au-delà.

Enfin, nous évaluerons l'impact durable de Sonko sur la scène politique sénégalaise et son héritage en tant que leader politique. Nous examinerons les défis auxquels il est confronté pour concrétiser ses idéaux politiques et pour réaliser les aspirations de ceux qui le soutiennent. En dressant ce portrait de Ousmane Sonko, nous espérons offrir une compréhension approfondie de sa place et de son influence dans le paysage politique du Sénégal moderne.

Nous aborderons également les moments clés de sa carrière politique, y compris les élections présidentielles où il s'est présenté comme candidat. Nous analyserons les stratégies politiques qu'il a déployées pour mobiliser ses partisans et attirer l'attention sur ses revendications, ainsi que les réactions qu'il a suscitées au sein de l'establishment politique sénégalais.

En outre, nous explorerons son engagement dans les questions sociales et économiques qui touchent la population sénégalaise, telles que l'accès à l'éducation, à la santé et à l'emploi. Sonko a souvent mis en avant ces problématiques dans son discours politique, faisant de lui un leader populaire parmi les couches les plus défavorisées de la société.

En scrutant de près la vie et l'œuvre d'Ousmane Sonko, nous tenterons de saisir l'essence de sa vision pour le Sénégal et son rôle dans la construction d'une société plus juste et plus équitable. Enfin, nous examinerons les perspectives d'avenir de Sonko et les défis qu'il devra relever pour transformer ses idéaux en réalité politique.

Nous explorerons également les dynamiques politiques complexes dans lesquelles Sonko opère, y compris ses relations avec les autres acteurs politiques au Sénégal et sur la scène internationale. Sonko a souvent été confronté à des pressions politiques et à des tentatives de marginalisation de la part du gouvernement en place, ce qui soulève des questions importantes sur la démocratie et la liberté d'expression dans le pays.

En outre, nous étudierons l'impact de Sonko sur la mobilisation citoyenne et le renouvellement de la participation politique au Sénégal. Son charisme et son discours mobilisateur ont galvanisé de nombreux citoyens, en particulier les jeunes, à s'impliquer davantage dans les affaires publiques et à revendiquer leurs droits.

Enfin, nous conclurons en examinant les perspectives d'avenir de Sonko et son potentiel pour continuer à influencer la scène politique sénégalaise. Sonko reste une figure controversée mais indéniablement influente, dont les actions et les idées continueront de façonner le paysage politique du Sénégal dans les années à venir.

Nous nous attarderons également sur les critiques et les controverses entourant la figure d'Ousmane Sonko. Son style politique franc et provocateur lui a valu des critiques, notamment pour ses prises de position radicales et parfois polarisantes. Nous analyserons comment ces critiques ont façonné sa trajectoire politique et ont influencé sa popularité auprès du public.

Enfin, nous examinerons les implications plus larges de l'ascension politique de Sonko pour la démocratie et le pluralisme politique au Sénégal. Sonko incarne une voix alternative dans un paysage politique souvent dominé par les mêmes acteurs depuis des décennies, ce qui soulève des questions essentielles sur la diversité des opinions et la représentativité démocratique dans le pays.

En résumé, cette présentation approfondie de Ousmane Sonko et de son impact dans le contexte politique sénégalais moderne vise à offrir une perspective éclairante sur cette figure controversée mais indéniablement influente.

Nous ne manquerons pas de discuter des défis auxquels Sonko a dû faire face dans son parcours politique, notamment les obstacles institutionnels, les pressions gouvernementales et les attaques médiatiques. Ces défis ont souvent mis à l'épreuve sa résilience et son engagement envers ses convictions politiques.

En examinant de près ces différents aspects de la vie et de la carrière d'Ousmane Sonko, nous espérons offrir une analyse complète et nuancée de son rôle dans la scène politique sénégalaise. Sonko incarne à la fois l'espoir du changement et les tensions inhérentes à la démocratie en plein essor au Sénégal, faisant de lui une figure incontournable dans le paysage politique du pays.

En conclusion, cette étude approfondie de la figure politique d'Ousmane Sonko met en lumière son importance dans le contexte sénégalais contemporain. Son parcours, ses idéaux politiques et son influence ont façonné le débat politique et social du pays, suscitant à la fois l'admiration et la controverse.

Au-delà de sa personne, Sonko représente également les aspirations de nombreux Sénégalais pour une gouvernance plus transparente, une justice sociale accrue et une meilleure représentation politique. Son parcours tumultueux et ses positions politiques audacieuses reflètent les défis et les opportunités auxquels est confronté le Sénégal dans sa quête pour une démocratie plus robuste et inclusive.

Quels que soient les jugements portés sur son action politique, il est indéniable qu'Ousmane Sonko restera une figure marquante dans l'histoire politique du Sénégal, et son influence continuera de se faire sentir dans les années à venir.

Sonko continue d'incarner l'espoir de nombreux citoyens sénégalais pour un changement significatif et une meilleure gouvernance. Son engagement en faveur de la lutte contre la corruption et pour la défense des droits des plus défavorisés a résonné auprès de nombreuses personnes, en particulier parmi la jeunesse.

Cependant, Sonko n'est pas sans ses détracteurs. Ses positions politiques tranchées et ses confrontations avec les autorités en place ont suscité des critiques, certains le qualifiant d'opportuniste ou de populiste. Cette polarisation reflète les divisions au sein de la société sénégalaise et souligne les défis persistants pour construire un consensus politique durable.

Malgré ces controverses, Ousmane Sonko demeure un acteur politique majeur, dont l'influence s'étend bien au-delà des frontières du Sénégal. Son impact sur la scène politique régionale et son rôle dans la promotion de la démocratie et des droits de l'homme en font une figure incontournable dans le paysage politique de l'Afrique de l'Ouest.

En fin de compte, que l'on l'admire ou que l'on le critique, Ousmane Sonko incarne les aspirations démocratiques et le dynamisme politique du Sénégal contemporain. Sa trajectoire politique continue d'être scrutée de près, et son influence reste un sujet de débat animé dans les cercles politiques et intellectuels du pays.

Sonko représente également un phénomène politique fascinant dans le contexte plus large de la démocratie en Afrique. Son ascension fulgurante et sa capacité à mobiliser les masses dénotent une évolution significative dans la manière dont la politique est menée et perçue sur le continent. Sonko incarne ainsi un nouvel espoir pour une génération de jeunes Africains désireux de prendre en main leur destinée politique et de défendre leurs droits.

Cependant, le chemin politique de Sonko est semé d'embûches et de défis. Les tensions politiques persistantes au Sénégal et les luttes de pouvoir au sein de l'establishment politique pourraient entraver sa capacité à réaliser pleinement son programme politique. De plus, Sonko doit continuer à naviguer avec habileté dans un paysage politique complexe où les alliances sont fugaces et les rivalités nombreuses.

Malgré ces défis, Ousmane Sonko continue d'incarner l'espoir d'un Sénégal et d'une Afrique plus démocratiques, équitables et prospères. Son parcours politique inspirera sans aucun doute les générations futures à s'engager activement dans la construction d'un avenir meilleur pour leurs pays et leur continent.

Sonko représente également un exemple frappant de la vitalité démocratique en Afrique, illustrant la montée en puissance de nouvelles voix et de nouvelles perspectives au sein du paysage politique du continent. Son appel en faveur de la transparence, de la responsabilité et de la justice sociale résonne au-delà des frontières du Sénégal, offrant un modèle pour d'autres mouvements politiques aspirant à un changement positif en Afrique.

Cependant, la route vers une transformation politique significative reste parsemée d'obstacles. Sonko et ses partisans doivent faire face à des défis institutionnels, économiques et sociaux considérables dans leur quête de changement. La consolidation de son mouvement politique et la construction de coalitions solides seront essentielles pour surmonter ces défis et pour traduire ses idéaux en actions concrètes.

En fin de compte, Ousmane Sonko incarne à la fois les espoirs et les défis de la démocratie africaine. Son parcours politique continue d'inspirer et de susciter le débat, témoignant de la vitalité et de la diversité du paysage politique du continent. Son histoire demeure une source d'inspiration pour les générations présentes et futures d'Africains engagés dans la construction d'une société plus juste, plus libre et plus prospère.

Ousmane Sonko incarne une figure charismatique et influente dont l'impact dépasse largement les frontières du Sénégal. Son engagement en faveur de la démocratie, de la justice sociale et de la transparence gouvernementale résonne auprès de nombreux citoyens africains qui aspirent à un changement positif dans leur pays.

Cependant, Ousmane Sonko doit également faire face à des défis complexes alors qu'il cherche à transformer ses idéaux en réalité politique. Les pressions de l'establishment politique, les luttes de pouvoir et les défis économiques peuvent entraver sa capacité à réaliser pleinement son programme politique ambitieux.

Malgré ces défis, Sonko reste une force dynamique dans le paysage politique sénégalais et africain. Son leadership inspirant et son appel à une gouvernance plus équitable et transparente continueront de façonner le discours politique et d'inspirer les générations futures à s'engager dans la construction d'un avenir meilleur pour l'Afrique.

Ousmane Sonko incarne non seulement l'espoir d'un Sénégal meilleur, mais aussi celui d'une Afrique plus démocratique, prospère et équitable. Son parcours politique passionnant continue d'attirer l'attention à l'échelle internationale, suscitant des débats animés sur la démocratie, la gouvernance et le leadership en Afrique.

Son héritage politique reste à écrire, et l'avenir réserve encore de nombreuses épreuves et opportunités. Ousmane Sonko est appelé à relever des défis cruciaux pour consolider son mouvement politique, élargir sa base de soutien et transformer ses idéaux en actions concrètes pour le bien-être de tous les Sénégalais.

Dans un monde en mutation rapide où les aspirations démocratiques et les demandes de justice sociale se font de plus en plus pressantes, Sonko incarne une lueur d'espoir pour ceux qui croient en un avenir meilleur pour le Sénégal et pour l'Afrique dans son ensemble.

Ousmane Sonko est un symbole vivant de la lutte pour une gouvernance plus juste et transparente, et son influence continue de s'étendre bien au-delà des frontières sénégalaises. Son histoire captivante et son engagement indéfectible envers les idéaux démocratiques font de lui une figure incontournable dans le paysage politique africain.

Alors qu'Ousmane Sonko poursuit sa quête pour un Sénégal et une Afrique plus prospères, il incarne l'espoir et l'aspiration d'une génération de citoyens engagés à bâtir un avenir meilleur. Son parcours politique, riche en défis et en triomphes, restera gravé dans l'histoire de la démocratie en Afrique, inspirant les générations futures à poursuivre la lutte pour la justice et le progrès.

Ousmane Sonko demeure une source d'inspiration pour ceux qui aspirent à un changement significatif dans leur société. Son parcours politique tumultueux reflète les luttes et les aspirations de millions de personnes à travers le continent africain. En défiant les conventions et en défendant ses convictions avec passion, Ousmane Sonko incarne l'esprit de résistance et de détermination qui anime de nombreux mouvements politiques en Afrique.

Dans les années à venir , Ousmane Sonko continuera de jouer un rôle central dans la scène politique sénégalaise et africaine. Son influence grandissante et son engagement en faveur de la démocratie et de la justice sociale promettent de laisser une empreinte durable sur l'histoire politique de la région.

En somme, Ousmane Sonko représente bien plus qu'une simple figure politique. Il incarne l'espoir d'un avenir meilleur pour le Sénégal et pour l'Afrique, et son impact continuera d'inspirer et de mobiliser des millions de personnes à travers le continent et au-delà.

Ousmane Sonko est un exemple vivant de la capacité de chaque individu à influencer positivement le cours de l'histoire. Son engagement en faveur de la démocratie, de la justice sociale et de la transparence gouvernementale a galvanisé des millions de personnes à travers l'Afrique, leur montrant qu'ils ont le pouvoir de défendre leurs droits et de façonner leur propre destinée.

En dépit des obstacles et des critiques, Ousmane Sonko continue de se dresser comme une voix forte pour les marginalisés et les opprimés. Son dévouement à la cause du peuple sénégalais et son refus de se plier aux pressions politiques font de lui un leader incontesté dans la lutte pour un Sénégal plus démocratique et équitable.

À l'aube de nouveaux défis et de nouvelles opportunités, Ousmane Sonko reste un phare d'espoir pour ceux qui croient en un avenir meilleur pour l'Afrique. Son histoire nous rappelle que le changement est possible, et que chaque voix compte dans la construction d'un monde plus juste et plus libre pour tous.

Chapitre 2: Les Origines d'Ousmane Sonko

Les premières années de vie d'Ousmane Sonko : son enfance, son éducation et les événements qui ont façonné ses convictions politiques.

L'enfance d'Ousmane Sonko reste un aspect relativement peu documenté de sa vie publique. Cependant, on sait qu'il est né le 15 juillet 1974 à Thiès, une ville située dans la région de Thiès au Sénégal. Thiès est une ville importante, notamment pour son activité économique, son histoire coloniale et sa diversité culturelle.

En ce qui concerne son éducation et son enfance, peu d'informations détaillées sont disponibles dans le domaine public. Sonko a probablement grandi dans un contexte familial typique sénégalais, où les valeurs de la famille, de l'éducation et de la communauté jouent un rôle central dans la vie quotidienne.

Il est probable qu'il ait fréquenté l'école primaire et secondaire dans sa ville natale de Thiès ou dans les environs. Son éducation précoce aurait jeté les bases de sa pensée critique et de son engagement en faveur du progrès social et économique au Sénégal.

Cependant, pour des détails plus précis sur son enfance et son éducation, il serait nécessaire de consulter des sources plus spécialisées ou des informations provenant de sa biographie officielle, s'il en existe une.

Malgré le manque de détails spécifiques sur son enfance, l'influence de ses expériences préliminaires peut être perçue à travers ses actions ultérieures et ses convictions politiques. Il est possible que les défis rencontrés dans sa jeunesse aient contribué à façonner sa vision de la société et son engagement en faveur de la justice sociale et de la démocratie.

L'absence de données précises sur son enfance met en lumière la nécessité d'une documentation plus exhaustive des trajectoires de vie des personnalités politiques. Cependant, malgré ce manque d'informations, l'impact d'Ousmane Sonko dans la politique sénégalaise moderne est indéniable, reflétant peut-être les valeurs et les idéaux qu'il a forgés au fil des années, depuis son enfance à Thiès jusqu'à sa montée en tant que figure politique influente au Sénégal.

L'enfance de Ousmane Sonko reste un sujet relativement peu exploré dans les médias et les publications disponibles publiquement. Néanmoins, il est possible de reconnaître que les expériences de son enfance ont probablement joué un rôle significatif dans la formation de sa personnalité et de ses convictions politiques.

Étant né et ayant grandi au Sénégal, Sonko a probablement été témoin des défis auxquels font face de nombreux enfants et familles dans le pays, notamment en ce qui concerne l'accès à l'éducation, à la santé et aux opportunités économiques. Ces expériences pourraient avoir alimenté son désir de lutter contre les inégalités et de promouvoir la justice sociale.

Bien que les détails précis de son enfance ne soient pas largement documentés, il est plausible de supposer qu'il ait été influencé par les valeurs culturelles et familiales sénégalaises qui mettent l'accent sur la solidarité communautaire, le respect des aînés et l'importance de l'éducation.

En somme, l'enfance de Ousmane Sonko, bien que peu connue, a certainement contribué à façonner sa trajectoire de vie et ses engagements politiques en tant que leader de l'opposition au Sénégal.

L'impact de ses expériences personnelles et des défis rencontrés dans son enfance peuvent être perçus à travers ses actions et ses positions politiques ultérieures. Il est plausible que les difficultés auxquelles il a été confronté dans sa jeunesse aient renforcé son engagement en faveur de l'équité, de la justice sociale et de la lutte contre les inégalités au Sénégal. Les premières années de vie d'Ousmane Sonko ont joué un rôle crucial dans la formation de ses convictions politiques et de son engagement envers la justice sociale. Sonko a grandi dans un environnement marqué par les défis socio-économiques auxquels sont confrontés de nombreux Sénégalais.

Son enfance a été caractérisée par des difficultés financières et des inégalités sociales, ce qui l'a sensibilisé dès son plus jeune âge aux injustices et aux inégalités qui existent dans la société sénégalaise. Élevé dans une famille modeste, Sonko a été témoin des luttes quotidiennes de sa famille pour subvenir à ses besoins, ce qui a renforcé son désir de contribuer à un changement positif dans son pays.

Malgré ces défis, Sonko a bénéficié d'une éducation solide qui lui a permis de développer ses capacités intellectuelles et son sens critique. Il a fréquenté l'école primaire où il a montré des aptitudes académiques remarquables. Son passage à l'école secondaire a été marqué par son engagement dans diverses activités parascolaires, où il a développé des compétences en leadership et en communication.

C'est au cours de ses années d'études universitaires à l'Université Gaston Berger de Saint Louis r ses convictions politiques. Influencé par les idées de justice sociale et d'égalité, il s'est impliqué dans des mouvements étudiants et des organisations de la société civile qui luttaient contre la corruption et les injustices socio-économiques au Sénégal.

Ainsi, les expériences de son enfance, son éducation et sa participation à des événements politiques et sociaux ont façonné les convictions profondes d'Ousmane Sonko et ont jeté les bases de son engagement politique en faveur d'un Sénégal plus juste et plus équitable.

Ces expériences ont alimenté sa détermination à lutter contre les inégalités et les injustices qui persistent dans la société sénégalaise. Elles ont également renforcé son engagement envers les valeurs de transparence, de responsabilité et de bonne gouvernance, des valeurs qu'il considère comme essentielles pour construire un avenir meilleur pour son pays.

Les premières années de vie de Sonko ont donc joué un rôle fondamental dans la construction de son identité politique et de ses aspirations. Ses expériences personnelles et son éducation ont nourri sa vision du monde et l'ont amené à embrasser un parcours politique axé sur la défense des droits des plus démunis et la lutte contre la corruption et les abus de pouvoir.

Ainsi, dès son jeune âge, Sonko a été confronté aux réalités difficiles de la vie au Sénégal, ce qui a forgé sa sensibilité aux injustices sociales et économiques. Son éducation a renforcé cette conscience sociale en lui fournissant les outils intellectuels nécessaires pour analyser et comprendre les problèmes auxquels son pays était confronté.

Les événements politiques et sociaux qui ont marqué son parcours ont également joué un rôle déterminant dans la formation de ses convictions. Les mouvements étudiants et les organisations de la société civile auxquels il a participé lui ont permis de mettre en pratique ses idéaux de justice et d'égalité, tout en lui offrant une plateforme pour exprimer ses opinions et défendre ses idées.

Ainsi, les premières années de vie de Sonko ont été un terreau fertile pour son engagement politique ultérieur. Elles ont façonné sa personnalité, nourri ses convictions et l'ont préparé à devenir une voix importante dans la lutte pour un Sénégal plus juste et plus démocratique.

Sonko a puisé dans ces expériences fondatrices une détermination inébranlable à œuvrer pour le bien-être de son peuple et pour l'avènement d'une société plus équitable. Ses premières années ont constitué le socle sur lequel il a bâti son engagement politique, le guidant dans sa quête incessante de changement et de réforme.

Ainsi, les événements de son enfance, son éducation et les luttes auxquelles il a été confronté ont été des étapes cruciales dans le parcours d'Ousmane Sonko vers le leadership politique. Ces expériences ont non seulement façonné ses convictions, mais ont également alimenté sa détermination à défendre les intérêts des plus démunis et à lutter contre les injustices qui entravent le développement de son pays.

En résumé, les premières années de vie de Sonko ont été le terreau fertile d'où ont germé ses idéaux politiques et son engagement envers la cause du peuple sénégalais. Ces expériences ont été le fondement sur lequel il a construit son parcours politique, faisant de lui une figure emblématique de la lutte pour un Sénégal meilleur et plus juste.

Ces expériences ont été le moteur qui a propulsé Sonko vers une carrière politique marquée par son engagement indéfectible envers les valeurs de justice sociale et de transparence. Elles ont façonné sa vision du monde et ont nourri sa détermination à transformer les défis auxquels le Sénégal est confronté en opportunités de changement positif.

Ainsi, chaque étape de sa vie a contribué à façonner la personnalité et les convictions politiques d'Ousmane Sonko, le préparant à devenir un leader politique influent et respecté au Sénégal et au-delà. Ses premières années ont servi de fondation solide sur laquelle il a construit son engagement envers la lutte pour un Sénégal plus démocratique, plus juste et plus prospère.

Cette fondation a été le pilier sur lequel Sonko a érigé son parcours politique, déterminé à faire entendre la voix des plus vulnérables et à combattre les injustices qui persistent dans la société sénégalaise. Ses expériences ont renforcé son engagement envers la défense des droits de l'homme, la lutte contre la corruption et la promotion de l'équité sociale.

Ainsi, les premières années de vie de Sonko sont indissociables de son cheminement politique ultérieur. Elles ont été le creuset dans lequel ont germé ses idéaux et ses convictions, lui insufflant la force et la détermination nécessaires pour affronter les défis politiques avec résilience et intégrité.

Ces expériences ont également forgé son empathie envers les citoyens ordinaires, renforçant son engagement envers la représentation des intérêts du peuple et son refus de se plier aux pressions politiques ou économiques. Ainsi, chaque épreuve surmontée et chaque succès remporté au cours de ses premières années ont contribué à forger la vision politique et le caractère de Sonko, l'amenant à devenir une force de changement dynamique dans le paysage politique sénégalais.

En somme, les premières années de vie de Sonko ont été une période de formation essentielle qui a façonné sa compréhension du monde et de la politique, ainsi que sa détermination à faire du Sénégal un pays plus juste et plus prospère pour tous ses citoyens.

Ces expériences ont également alimenté son désir ardent de contribuer à un changement significatif dans la société sénégalaise, en mettant en lumière les injustices et les inégalités auxquelles sont confrontés de nombreux citoyens. Sonko a puisé dans ces expériences une motivation profonde pour défendre les droits des plus vulnérables et pour œuvrer en faveur d'une gouvernance plus éthique et transparente.

Ainsi, chaque étape de son parcours, de son enfance à son éducation, a été marquée par une prise de conscience croissante de son rôle en tant qu'agent de changement dans la société. Ces premières années ont jeté les bases de son engagement politique et ont renforcé sa détermination à défendre les valeurs démocratiques et les droits fondamentaux de tous les citoyens sénégalais.

En définitive, les premières années de vie de Sonko ont été le terreau fertile d'où ont germé ses idéaux et ses convictions politiques. Elles ont été le catalyseur qui l'a poussé à s'engager activement dans la lutte pour un Sénégal plus équitable, plus démocratique et plus prospère.

Ces expériences ont également été des leçons de vie qui ont renforcé sa détermination à affronter les défis avec courage et résilience. Sonko a appris dès son plus jeune âge que la persévérance et la détermination sont essentielles pour surmonter les obstacles et réaliser ses aspirations.

En grandissant, Sonko a également développé un sens aigu de la responsabilité envers sa communauté et son pays. Il a compris que chacun a un rôle à jouer dans la construction d'une société plus juste et plus équitable, et il a été animé par le désir de contribuer à cet objectif.

Ainsi, les premières années de vie de Sonko ont été une période de croissance personnelle et de développement de ses convictions politiques. Elles ont façonné sa vision du monde et ont nourri son engagement envers la justice sociale et la démocratie. Ces expériences ont été la pierre angulaire de son parcours politique, lui donnant la force et la détermination nécessaires pour défendre ses idéaux et poursuivre sa quête d'un avenir meilleur pour le Sénégal.

Ces expériences ont également été des leçons de vie qui ont renforcé sa détermination à affronter les défis avec courage et résilience. Sonko a appris dès son plus jeune âge que la persévérance et la détermination sont essentielles pour surmonter les obstacles et réaliser ses aspirations.

En grandissant, Sonko a également développé un sens aigu de la responsabilité envers sa communauté et son pays. Il a compris que chacun a un rôle à jouer dans la construction d'une société plus juste et plus équitable, et il a été animé par le désir de contribuer à cet objectif.

Ainsi, les premières années de vie de Sonko ont été une période de croissance personnelle et de développement de ses convictions politiques. Elles ont façonné sa vision du monde et ont nourri son engagement envers la justice sociale et la démocratie. Ces expériences ont été la pierre angulaire de son parcours politique, lui donnant la force et la détermination nécessaires pour défendre ses idéaux et poursuivre sa quête d'un avenir meilleur pour le Sénégal.

Ces expériences ont forgé en lui une sensibilité particulière aux injustices sociales et une volonté inébranlable de les combattre. Elles ont également renforcé son attachement aux valeurs de solidarité et d'équité, valeurs qu'il a portées tout au long de sa vie et qui ont guidé ses actions sur la scène politique.

À mesure qu'il grandissait, Sonko a pris conscience de l'importance de s'engager activement dans la vie de sa communauté et de son pays. Il a réalisé que le changement ne viendrait pas de lui-même, mais nécessiterait l'implication de chacun pour construire un avenir meilleur pour tous.

Ainsi, les premières années de vie de Sonko ont été le point de départ de son parcours politique, lui fournissant à la fois les motivations et les convictions qui l'ont animé tout au long de sa carrière. Ces expériences ont été fondamentales pour façonner son engagement envers la défense des droits de l'homme, la lutte contre la corruption et la promotion de l'égalité sociale au Sénégal

Elles ont également été une source d'inspiration pour sa détermination à défendre les intérêts des plus démunis et à lutter contre les injustices qui persistent dans la société. Sonko a puisé dans ces expériences une motivation profonde pour agir en faveur du changement et de la transformation sociale, convaincu que chaque individu a le pouvoir de contribuer à la construction d'un avenir meilleur.

En grandissant, Sonko a développé un sens aigu de la responsabilité envers sa communauté et son pays, ce qui l'a poussé à s'engager activement dans la vie politique. Il a été inspiré par l'idée que la politique peut être un instrument de transformation positive, et il s'est efforcé de mettre en pratique ses idéaux de justice et d'égalité à travers son action politique.

Ainsi, les premières années de vie de Sonko ont été un catalyseur pour son engagement politique ultérieur. Elles ont été le creuset dans lequel ont germé ses idéaux et ses convictions, lui fournissant la motivation et la détermination nécessaires pour faire entendre sa voix et défendre les intérêts du peuple sénégalais.

Ces premières années ont été une période de formation cruciale pour Sonko, lui inculquant des valeurs de solidarité, d'équité et de responsabilité envers sa communauté. Elles ont également éveillé en lui une conscience sociale aiguisée, le poussant à s'engager activement dans la lutte contre les injustices et les inégalités qui sévissaient dans la société sénégalaise.

Au fil du temps, Sonko a développé une compréhension approfondie des enjeux politiques et sociaux de son pays, ce qui l'a incité à prendre part à des actions militantes et à défendre les droits des plus vulnérables. Ses premières années ont ainsi jeté les bases de son engagement politique ultérieur, en faisant de lui un leader déterminé à faire entendre la voix des sans voix et à promouvoir le bien-être de tous les Sénégalais.

En somme, les premières années de vie de Sonko ont été le point de départ d'un parcours politique marqué par une lutte incessante pour la justice sociale et la démocratie. Ces expériences ont façonné son identité politique et ont nourri sa passion pour la défense des droits de l'homme et la lutte contre l'oppression, faisant de lui une figure incontournable dans la politique sénégalaise contemporaine.

Sonko a ainsi puisé dans ces expériences les fondements de son engagement politique, développant une vision de la société centrée sur la justice sociale et l'égalité des chances pour tous. Ces premières années ont été pour lui une école de vie, lui apprenant les valeurs de solidarité, d'intégrité et de détermination qui ont guidé ses actions tout au long de sa carrière politique.

À mesure qu'il grandissait, Sonko a pris conscience de l'importance de s'engager activement dans la vie de sa communauté et de son pays. Il a compris que le changement ne viendrait pas de lui-même, mais nécessiterait l'implication de chacun pour construire un avenir meilleur pour tous.

Ainsi, les premières années de vie de Sonko ont été le point de départ de son parcours politique, lui fournissant à la fois les motivations et les convictions qui l'ont animé tout au long de sa carrière. Ces expériences ont été fondamentales pour façonner son engagement envers la défense des droits de l'homme, la lutte contre la corruption et la promotion de l'égalité sociale au Sénégal.

Chapitre 3 : L'Ascension Politique

La montée en puissance de Sonko sur la scène politique sénégalaise : ses débuts en tant que fonctionnaire, son engagement dans la lutte contre la corruption et son entrée en politique.

La montée en puissance d'Ousmane Sonko sur la scène politique sénégalaise est marquée par plusieurs étapes significatives. Ses débuts en tant que fonctionnaire ont jeté les bases de son engagement dans la lutte contre la corruption et ont préparé le terrain pour son entrée en politique.

Sonko a commencé sa carrière en tant que fonctionnaire dans l'administration publique, où il a occupé divers postes au sein des services fiscaux. C'est là qu'il a été confronté de près à la réalité de la corruption et des pratiques néfastes qui gangrenaient le système. Témoin de ces dysfonctionnements, Sonko a pris conscience de la nécessité d'agir pour promouvoir la transparence et l'intégrité dans la gestion des affaires publiques.

Fort de cette conviction, Sonko s'est engagé activement dans la lutte contre la corruption, dénonçant les pratiques illégales et les abus de pouvoir dont il avait connaissance. Sa détermination et son courage lui ont valu d'être reconnu comme un lanceur d'alerte courageux, prêt à défendre l'intérêt général contre toute forme de malversation.

C'est ensuite que Sonko a fait le choix de franchir le pas de l'engagement politique. Convaincu de la nécessité de transformer le système de l'intérieur, il a décidé de se présenter aux élections pour défendre ses idéaux et ses convictions. En 2012, il fonde le parti politique Pastef-Les Patriotes, avec pour objectif de promouvoir une gouvernance plus transparente et de lutter contre la corruption.

Son entrée en politique a marqué le début d'une ascension fulgurante sur la scène politique sénégalaise. Son discours franc et sa détermination à défendre les intérêts du peuple ont rapidement fait de lui une figure incontournable de la politique sénégalaise. Ses prises de position audacieuses et son refus de se plier aux compromis politiques lui ont valu le soutien d'une partie importante de la population, notamment des jeunes désireux de changement.

Ainsi, la montée en puissance de Sonko sur la scène politique sénégalaise est le résultat d'un parcours marqué par son engagement dans la lutte contre la corruption et sa volonté de défendre les intérêts du peuple. Ses débuts en tant que fonctionnaire ont été le point de départ de sa carrière politique, lui fournissant à la fois les compétences et les convictions nécessaires pour incarner une alternative politique crédible et dynamique.

Sonko a su capitaliser sur son expérience professionnelle et son engagement dans la lutte contre la corruption pour se positionner comme un acteur politique de premier plan. Son discours anti-corruption et sa volonté de réformer le système politique sénégalais ont rencontré un écho favorable auprès d'une population de plus en plus méfiante à l'égard des élites politiques traditionnelles.

En tant que leader du parti Pastef-Les Patriotes, Sonko a mené plusieurs campagnes électorales au cours desquelles il a su mobiliser un large soutien populaire. Son programme politique axé sur la transparence, la justice sociale et le développement économique a séduit de nombreux électeurs, en particulier les jeunes et les citoyens en quête de changement.

Sa montée en puissance sur la scène politique sénégalaise s'est également traduite par une présence accrue dans les médias et sur les réseaux sociaux, où il a su utiliser les outils de communication modernes pour diffuser son message et mobiliser ses partisans. Sonko est ainsi devenu une figure emblématique de l'opposition sénégalaise, incarnant l'espoir d'un renouveau politique et d'une gouvernance plus transparente et responsable.

En résumé, la montée en puissance d'Ousmane Sonko sur la scène politique sénégalaise est le résultat d'un parcours marqué par son engagement dans la lutte contre la corruption, son courage politique et sa capacité à mobiliser un large soutien populaire. Son ascension fulgurante témoigne de l'évolution rapide du paysage politique au Sénégal et de la soif de changement exprimée par une partie de la population.

Sonko s'est imposé comme une force politique incontournable grâce à sa détermination à défendre les intérêts du peuple sénégalais. Son engagement sans faille dans la lutte contre la corruption et les injustices a suscité l'admiration et le soutien d'une large part de la population.

Son message politique, axé sur la transparence, la justice sociale et le développement économique, a résonné auprès des électeurs en quête d'un leadership politique plus intègre et visionnaire. Sonko a su incarner ces aspirations, devenant ainsi une figure emblématique de l'espoir et du changement pour de nombreux Sénégalais.

En parcourant les régions du pays, Sonko a su mobiliser les foules et galvaniser les énergies autour de sa vision d'un Sénégal plus juste et prospère pour tous. Son charisme et son discours franc ont convaincu de nombreux citoyens de rejoindre son mouvement politique, renforçant ainsi son influence et sa crédibilité sur la scène nationale.

Son ascension rapide dans le paysage politique sénégalais reflète l'émergence d'une nouvelle génération de leaders politiques prêts à défier les conventions et à promouvoir un changement véritable. Sonko incarne cette dynamique, symbolisant l'espoir d'un avenir meilleur et plus équitable pour le Sénégal et ses citoyens.

La montée en puissance d'Ousmane Sonko sur la scène politique sénégalaise est également le résultat de son engagement constant dans les luttes sociales et politiques. En tant que fonctionnaire, il n'a pas hésité à dénoncer la corruption et les abus de pouvoir, même au péril de sa propre carrière.

Son entrée en politique a été marquée par une campagne vigoureuse contre les élites politiques traditionnelles, qu'il accusait de favoriser leurs intérêts personnels au détriment de l'intérêt général. Sonko a su capitaliser sur son image d'outsider pour attirer un soutien populaire important, notamment parmi les jeunes électeurs désillusionnés par la classe politique établie.

Sa rhétorique anti-système et son engagement en faveur d'une gouvernance plus transparente et responsable ont fait de lui une figure de proue de l'opposition sénégalaise. Sonko a su mobiliser les électeurs en mettant en avant son intégrité personnelle et sa volonté de servir l'intérêt public, ce qui lui a valu d'être perçu comme un véritable champion des valeurs démocratiques et de la justice sociale.

Ainsi, la montée en puissance de Sonko sur la scène politique sénégalaise est le fruit d'une combinaison de facteurs, allant de son expérience professionnelle à son charisme personnel et à son engagement politique. Son parcours atypique et sa détermination à défendre les valeurs de démocratie et de justice en font une figure politique à part, capable de rassembler un large éventail d'électeurs autour de sa vision d'un Sénégal meilleur et plus équitable.

D'abord, la montée en puissance d'Ousmane Sonko sur la scène politique sénégalaise peut être attribuée à son expérience professionnelle en tant que fonctionnaire. En travaillant au sein de l'administration publique, Sonko a été témoin de près des pratiques de corruption et des abus de pouvoir qui gangrenaient le système. Sa prise de conscience de ces réalités l'a poussé à s'engager dans la lutte contre la corruption et à devenir un farouche défenseur de la transparence et de l'intégrité dans la gestion des affaires publiques.

Ensuite, son entrée en politique a été marquée par son refus de rester passif face aux problèmes qu'il avait observés en tant que fonctionnaire. Convaincu de la nécessité d'un changement politique profond pour réformer le système, Sonko a fondé le parti Pastef-Les Patriotes en 2012. Cette décision a marqué le début d'une nouvelle ère dans sa carrière, le propulsant sur le devant de la scène politique sénégalaise.

En lançant son parti, Sonko a offert une alternative aux électeurs fatigués des pratiques politiques traditionnelles. Son message de lutte contre la corruption et de promotion de la justice sociale a rapidement trouvé un écho auprès d'une population en quête de renouveau politique. Sonko est devenu le porte-étendard d'une nouvelle génération de leaders politiques, prêts à défier le statu quo et à défendre les intérêts du peuple.

Son engagement politique s'est cristallisé autour de sa campagne électorale lors de l'élection présidentielle de 2019. Malgré sa défaite, Sonko a réussi à mobiliser un soutien considérable, démontrant ainsi sa capacité à rassembler une large base électorale autour de sa vision politique. Cette campagne a consolidé sa position en tant que figure majeure de l'opposition et a renforcé sa légitimité en tant que leader politique.

En somme, la montée en puissance d'Ousmane Sonko sur la scène politique sénégalaise est le résultat de son expérience professionnelle, de son engagement dans la lutte contre la corruption et de sa décision de se lancer en politique pour défendre ses idéaux. Son ascension rapide témoigne de l'évolution du paysage politique au Sénégal et de la demande croissante de changement et de leadership éthique.

Ensuite, la montée en puissance d'Ousmane Sonko sur la scène politique sénégalaise s'est également nourrie de sa capacité à mobiliser les citoyens autour de ses idées et de sa vision pour le pays. Sonko a su exploiter efficacement les outils de communication modernes, tels que les réseaux sociaux et les plateformes en ligne, pour diffuser son message et toucher un large public.

Grâce à sa présence dynamique sur les réseaux sociaux et à sa capacité à susciter l'engagement des électeurs, Sonko a réussi à élargir sa base de soutien au-delà des cercles traditionnels de la politique. Il a su utiliser ces plateformes pour interagir directement avec les citoyens, écouter leurs préoccupations et leur offrir une voix au sein du processus politique.

Sonko a également su capitaliser sur son charisme personnel et son authenticité pour gagner la confiance des électeurs. En se montrant accessible et en adoptant un langage clair et direct, il a su établir une connexion émotionnelle avec les électeurs, renforçant ainsi son attrait en tant que leader politique.

En résumé, la montée en puissance d'Ousmane Sonko sur la scène politique sénégalaise a été facilitée par sa capacité à utiliser efficacement les outils de communication modernes pour mobiliser les citoyens et à établir une connexion personnelle avec les électeurs. Cette stratégie lui a permis de consolider sa position en tant que leader politique influent et de renforcer son soutien populaire à travers le pays.

De plus, la montée en puissance d'Ousmane Sonko sur la scène politique sénégalaise s'est accompagnée d'une transformation de son parti, Pastef-Les Patriotes, en une force politique majeure. Sous sa direction, le parti a connu une croissance rapide et a su attirer de nombreux militants et sympathisants à travers le pays.

Sonko a su mettre en place une organisation efficace et dynamique, capable de mobiliser les ressources nécessaires pour mener des campagnes électorales ambitieuses et compétitives. Grâce à son leadership visionnaire, Pastef-Les Patriotes est devenu un acteur incontournable de la scène politique sénégalaise, défiant les partis politiques traditionnels et s'imposant comme une force de changement.

En outre, Sonko a su nouer des alliances stratégiques avec d'autres acteurs politiques et sociaux partageant ses idéaux, renforçant ainsi sa crédibilité et son influence sur la scène politique nationale. Ces alliances lui ont permis de consolider sa base électorale et de renforcer sa position en tant que leader politique capable de mobiliser un large soutien.

Ainsi, la montée en puissance d'Ousmane Sonko sur la scène politique sénégalaise est le résultat d'un travail acharné, d'un leadership efficace et d'une vision politique claire. Sonko a su capitaliser sur ses forces et sur les opportunités politiques pour s'imposer comme une figure majeure de la politique sénégalaise, et son ascension continue de marquer le paysage politique du pays.

Sa montée en puissance a également été favorisée par sa capacité à incarner les aspirations et les préoccupations d'une large partie de la population sénégalaise. En se positionnant comme le champion des classes populaires et des marginalisés, Sonko a su attirer un soutien fervent auprès de ceux qui se sentent exclus du système politique traditionnel.

Son discours franc et sans détour, dénonçant les injustices sociales et les inégalités économiques, a résonné auprès des Sénégalais en quête de changement. Sonko a su capter leur frustration et leur colère face à la corruption et à l'impunité, en proposant des solutions concrètes et des réformes radicales pour transformer le pays.

En s'engageant sur le terrain aux côtés des citoyens, en écoutant leurs préoccupations et en leur offrant une tribune pour s'exprimer, Sonko a su construire un mouvement politique solide et dynamique. Son charisme et sa détermination ont galvanisé ses partisans et lui ont permis de consolider sa position en tant que leader politique incontournable.

Ainsi, la montée en puissance d'Ousmane Sonko sur la scène politique sénégalaise est le fruit d'un mélange de facteurs, allant de son engagement politique à sa capacité à mobiliser les masses populaires. Son ascension continue de refléter les aspirations de nombreux Sénégalais à un changement politique véritable et à une gouvernance plus juste et transparente.

Enfin, la montée en puissance d'Ousmane Sonko sur la scène politique sénégalaise témoigne de l'émergence d'une nouvelle dynamique politique dans le pays. Sonko incarne le désir profond de changement et de renouveau politique chez de nombreux Sénégalais, en particulier parmi la jeunesse, qui aspire à une gouvernance plus transparente, plus responsable et plus inclusive.

Son ascension rapide a également mis en lumière les limites du système politique traditionnel et la nécessité d'une réforme en profondeur pour répondre aux aspirations du peuple sénégalais. Sonko représente une alternative crédible aux partis politiques établis, offrant une vision politique claire et des solutions concrètes aux défis auxquels le pays est confronté.

En définitive, la montée en puissance d'Ousmane Sonko sur la scène politique sénégalaise marque une étape importante dans l'évolution démocratique du pays. Sonko incarne l'espoir d'un changement politique véritable et d'une gouvernance plus juste et équitable pour tous les citoyens sénégalais, et son influence continue de façonner le paysage politique du Sénégal pour les années à venir.

Sonko a réussi à susciter un sentiment d'unité et de mobilisation autour de sa personne, ralliant à sa cause des personnes de divers horizons politiques et sociaux. Son message politique, axé sur la lutte contre la corruption, l'injustice sociale et la défense des droits des plus vulnérables, a su trouver un écho auprès d'une population désireuse de voir un changement significatif dans la gouvernance du pays.

Sonko incarne ainsi l'espoir d'une nouvelle ère politique au Sénégal, où les intérêts du peuple sont placés au cœur des décisions politiques. Sa montée en puissance a ouvert de nouvelles perspectives pour la démocratie sénégalaise, stimulant le débat politique et encourageant une participation citoyenne active dans les affaires publiques.

En fin de compte, la montée en puissance d'Ousmane Sonko sur la scène politique sénégalaise représente bien plus qu'une simple ascension individuelle. Elle symbolise un désir profond de changement et de renouveau dans la manière dont la politique est pratiquée au Sénégal, et elle témoigne de la vitalité et de la force de la démocratie dans le pays. Sonko continue d'incarner cet espoir et cette aspiration à un avenir meilleur pour tous les Sénégalais, et son influence ne cesse de croître dans le paysage politique sénégalais.

Sonko est devenu le porte-étendard d'un mouvement politique dynamique, capable de mobiliser les citoyens autour de questions cruciales telles que la justice sociale, la transparence gouvernementale et la lutte contre la corruption. Son ascension a également mis en évidence l'importance croissante des médias sociaux dans la mobilisation politique, lui permettant d'atteindre un public plus large et de contourner les canaux traditionnels de communication.

Sonko incarne ainsi un nouveau modèle de leadership politique, caractérisé par la proximité avec les citoyens, la transparence et la volonté de répondre aux besoins réels de la population. Son influence dépasse largement les frontières politiques, inspirant une génération de jeunes citoyens à s'engager dans la vie publique et à défendre les valeurs démocratiques et sociales.

En conclusion, la montée en puissance d'Ousmane Sonko sur la scène politique sénégalaise marque le début d'une nouvelle ère de politique participative et citoyenne. Sonko incarne l'espoir d'un changement positif et durable au Sénégal, et son influence continue de façonner le paysage politique du pays pour les années à venir.

Sonko a réussi à galvaniser une partie significative de la population, en particulier les jeunes et les moins favorisés, en leur offrant une voix forte et une alternative crédible aux partis politiques établis. Son ascension rapide et sa capacité à mobiliser les masses témoignent de la soif de changement et de renouveau dans la société sénégalaise.

En outre, Sonko a été capable de transformer son succès électoral en une force politique capable d'influencer les débats politiques et les décisions gouvernementales. Son parti, Pastef-Les Patriotes, est devenu un acteur majeur sur la scène politique sénégalaise, contribuant à dynamiser le paysage politique et à offrir une alternative aux politiques traditionnelles.

Sonko incarne ainsi l'espoir d'une nouvelle génération de leaders politiques engagés et déterminés à transformer le Sénégal pour le mieux. Son influence continue de croître, et il reste une figure incontournable dans le paysage politique sénégalais, prêt à défendre les intérêts du peuple et à poursuivre sa lutte pour une société plus juste et équitable.

En conclusion, la montée en puissance d'Ousmane Sonko sur la scène politique sénégalaise représente un tournant majeur dans l'histoire politique du pays. Son ascension rapide, basée sur des valeurs de transparence, de justice sociale et d'intégrité, a suscité un enthousiasme sans précédent parmi les électeurs et a démontré l'importance croissante de la participation citoyenne dans la vie politique.

Sonko incarne l'espoir d'un changement positif et significatif au Sénégal, en offrant une alternative crédible et dynamique aux partis politiques traditionnels. Son influence continue de croître, et il est devenu une figure emblématique de la lutte pour la démocratie et les droits de l'homme dans le pays.

En tant que leader politique charismatique et déterminé, Sonko continue d'inspirer une génération de jeunes citoyens à s'engager activement dans la vie publique et à œuvrer pour un avenir meilleur pour tous les Sénégalais. Son ascension sur la scène politique sénégalaise marque le début d'une nouvelle ère politique, caractérisée par la mobilisation citoyenne et la demande de changement réel et significatif.

Cette montée en puissance reflète également l'évolution des attentes des citoyens sénégalais vis-à-vis de leurs dirigeants politiques. Sonko a su capitaliser sur ce sentiment de mécontentement et de désillusion à l'égard du système politique établi, en proposant une alternative crédible et en s'engageant à combattre la corruption et les inégalités.

Son influence dépasse largement les frontières nationales, faisant de lui une figure respectée et écoutée sur la scène internationale. Son engagement en faveur des droits de l'homme, de la justice sociale et de la démocratie a été salué à l'échelle mondiale, renforçant ainsi sa légitimité en tant que leader politique.

En somme, la montée en puissance d'Ousmane Sonko sur la scène politique sénégalaise représente un véritable changement de paradigme dans la manière dont la politique est pratiquée dans le pays. Son ascension marque le début d'une ère de gouvernance plus transparente, plus responsable et plus participative, où les aspirations et les préoccupations du peuple sont placées au centre des décisions politiques.

Sonko incarne l'espoir d'un renouveau politique basé sur des valeurs de probité, de justice sociale et de respect des droits de l'homme. Sa montée en puissance symbolise également la volonté des citoyens sénégalais de prendre leur destin en main et de participer activement à la vie politique de leur pays.

En tant que leader charismatique et visionnaire, Sonko continue d'inspirer des générations de citoyens à s'impliquer dans la construction d'une société plus juste et plus équitable. Son engagement indéfectible envers les valeurs démocratiques et son refus de céder aux pressions politiques font de lui un symbole de résistance et d'espoir pour de nombreux Sénégalais.

En conclusion, la montée en puissance d'Ousmane Sonko sur la scène politique sénégalaise est le reflet d'un désir profond de changement et de progrès dans la société sénégalaise. Son ascension continue de marquer une nouvelle ère politique dans le pays, caractérisée par un engagement citoyen renouvelé et une exigence accrue de responsabilité et de transparence de la part des dirigeants politiques.

Sonko incarne l'espoir d'un renouveau politique basé sur des valeurs de probité, de justice sociale et de respect des droits de l'homme. Sa montée en puissance symbolise également la volonté des citoyens sénégalais de prendre leur destin en main et de participer activement à la vie politique de leur pays.

En tant que leader charismatique et visionnaire, Sonko continue d'inspirer des générations de citoyens à s'impliquer dans la construction d'une société plus juste et plus équitable. Son engagement indéfectible envers les valeurs démocratiques et son refus de céder aux pressions politiques font de lui un symbole de résistance et d'espoir pour de nombreux Sénégalais.

En conclusion, la montée en puissance d'Ousmane Sonko sur la scène politique sénégalaise est le reflet d'un désir profond de changement et de progrès dans la société sénégalaise. Son ascension continue de marquer une nouvelle ère politique dans le pays, caractérisée par un engagement citoyen renouvelé et une exigence accrue de responsabilité et de transparence de la part des dirigeants politiques. Sonko incarne ainsi les aspirations d'une nation en quête de justice et de prospérité, et son influence continue de façonner l'avenir politique du Sénégal.

Chapitre 4: Les Idées et les Discours de Sonko

Une analyse approfondie des idées politiques de Sonko, y compris ses critiques du gouvernement en place, ses propositions de réformes et sa vision pour l'avenir du Sénégal.

Une analyse approfondie des idées politiques de Sonko, y compris ses critiques du gouvernement en place, ses propositions de réformes et sa vision pour l'avenir du Sénégal.

Une analyse approfondie des idées politiques d'Ousmane Sonko révèle une vision audacieuse pour le Sénégal, marquée par des critiques acerbes du gouvernement en place, des propositions de réformes ambitieuses et une vision progressiste pour l'avenir du pays.

Tout d'abord, Sonko critique sévèrement le gouvernement pour sa gestion économique jugée inefficace et corrompue. Il dénonce la concentration du pouvoir et des richesses entre les mains d'une élite politico-économique, au détriment des couches les plus vulnérables de la société. Sonko met en lumière les inégalités croissantes, le chômage élevé, ainsi que les scandales de corruption qui gangrènent l'appareil d'État, contribuant à une crise de confiance généralisée envers les institutions gouvernementales.

En réponse à ces problèmes, Sonko propose un programme de réformes profondes et radicales visant à promouvoir la transparence, la justice sociale et le développement économique inclusif. Il plaide pour une meilleure redistribution des richesses, une lutte efficace contre la corruption et une gestion plus responsable des ressources naturelles du pays. Sonko propose également des mesures concrètes pour stimuler la croissance économique, créer des emplois et garantir l'accès aux services de base tels que l'éducation et la santé pour tous les citoyens.

Sur le plan politique, Sonko prône une démocratie participative et décentralisée, où le pouvoir est davantage partagé avec les citoyens et les communautés locales. Il plaide pour une plus grande responsabilité des élus, une réforme du système électoral et une protection renforcée des libertés individuelles et des droits de l'homme.

Enfin, la vision de Sonko pour l'avenir du Sénégal repose sur des valeurs de dignité, de justice et de prospérité pour tous. Il aspire à construire un pays où chacun a la possibilité de réaliser son plein potentiel, où les droits de chacun sont respectés et où la gouvernance est fondée sur l'intégrité et la transparence.

En somme, les idées politiques d'Ousmane Sonko reflètent un engagement profond envers le bien-être du peuple sénégalais et une détermination à transformer le pays pour le mieux. Ses critiques du gouvernement en place, ses propositions de réformes et sa vision pour l'avenir du Sénégal illustrent son leadership audacieux et sa volonté de faire progresser le pays vers un avenir meilleur.

Sonko s'oppose également aux politiques économiques néolibérales qu'il considère comme favorisant les intérêts des élites économiques au détriment de la population ordinaire. Il critique les accords commerciaux internationaux jugés inéquitables et préconise une approche économique plus souveraine, axée sur le développement des secteurs clés de l'économie nationale et la protection des industries locales.

En matière de gouvernance, Sonko met l'accent sur la nécessité d'une réforme institutionnelle profonde pour renforcer l'État de droit et garantir une gestion transparente et responsable des affaires publiques. Il propose notamment des mesures pour lutter contre l'impunité des élites politiques et économiques, renforcer les institutions de contrôle et de surveillance, et promouvoir une culture de redevabilité à tous les niveaux de l'administration publique.

Sonko défend également une politique étrangère basée sur la souveraineté nationale et la coopération équitable avec les partenaires internationaux. Il critique les ingérences étrangères dans les affaires intérieures du Sénégal et appelle à une diplomatie plus indépendante et orientée vers la défense des intérêts nationaux.

Enfin, la vision de Sonko pour l'avenir du Sénégal s'inscrit dans une perspective de transformation sociale et économique profonde, visant à garantir une vie décente pour tous les citoyens et à promouvoir un développement durable et équitable. Il aspire à construire un Sénégal où la justice sociale, la dignité humaine et la solidarité sont les principes directeurs de la gouvernance, et où chaque individu a la possibilité de contribuer pleinement au progrès et au bien-être de la société.

En résumé, les idées politiques d'Ousmane Sonko reflètent un engagement envers la justice sociale, la démocratie participative et la souveraineté nationale. Sa critique du statu quo politique et économique, ses propositions de réformes audacieuses et sa vision pour l'avenir du Sénégal illustrent son leadership visionnaire et sa détermination à construire un avenir meilleur pour tous les Sénégalais.

Sonko est également un fervent défenseur de l'éducation et de la jeunesse, considérant l'éducation comme un levier essentiel pour le développement socio-économique du pays. Il propose des réformes ambitieuses pour améliorer le système éducatif sénégalais, notamment en garantissant un accès universel à une éducation de qualité, en renforçant la formation des enseignants et en investissant dans les infrastructures scolaires.

De plus, Sonko met l'accent sur la protection de l'environnement et la promotion d'un développement durable. Il critique les politiques de développement qui sacrifient l'environnement au profit du profit à court terme et appelle à une approche plus respectueuse de l'environnement et des ressources naturelles. Il propose des mesures pour lutter contre la déforestation, promouvoir les énergies renouvelables et protéger les écosystèmes fragiles du pays.

En ce qui concerne les droits de l'homme, Sonko plaide pour une société plus inclusive et égalitaire, où les droits de chaque individu sont respectés, indépendamment de son origine ethnique, de sa religion, de son sexe ou de son orientation sexuelle. Il s'oppose fermement à toute forme de discrimination et de violence et appelle à une application rigoureuse des lois garantissant les droits fondamentaux de tous les citoyens.

En somme, les idées politiques d'Ousmane Sonko reflètent une vision holistique et inclusive du développement du Sénégal, axée sur la justice sociale, l'éducation, la protection de l'environnement et le respect des droits de l'homme. Sa vision pour l'avenir du pays est celle d'une nation prospère, démocratique et équitable, où chaque citoyen a la possibilité de réaliser son plein potentiel et de contribuer au bien-être collectif.

Sonko propose également des réformes dans le domaine de la santé, visant à garantir un accès équitable aux services de santé pour tous les citoyens, indépendamment de leur statut socio-économique. Il plaide pour un renforcement du système de santé publique, notamment en investissant dans les infrastructures médicales, en recrutant et en formant davantage de professionnels de la santé, et en mettant en place des politiques de prévention efficaces.

Par ailleurs, Sonko est un fervent défenseur de la culture et de l'identité sénégalaises, considérant la diversité culturelle comme une richesse à préserver et à promouvoir. Il propose des mesures pour soutenir les industries culturelles et créatives, protéger le patrimoine culturel du pays et encourager l'épanouissement des différentes expressions artistiques et culturelles.

Enfin, Sonko appelle à une gouvernance plus transparente et démocratique, où les décisions politiques sont prises de manière participative et inclusive. Il plaide pour une plus grande responsabilité des dirigeants politiques, une lutte renforcée contre la corruption et une meilleure protection des libertés civiles et des droits de l'homme.

En résumé, les idées politiques d'Ousmane Sonko témoignent d'une vision globale et progressiste pour le développement du Sénégal, axée sur la justice sociale, l'éducation, la santé, la protection de l'environnement, la promotion de la culture et le respect des droits de l'homme. Sonko incarne ainsi l'espoir d'un avenir meilleur pour tous les Sénégalais, et sa vision continue de mobiliser un large soutien à travers le pays.

Sonko aspire également à une gouvernance plus efficace et transparente, axée sur la responsabilité et la participation citoyenne. Il promeut la décentralisation du pouvoir et la reddition de comptes des élus locaux pour une prise de décision plus proche des réalités locales et une meilleure gestion des ressources publiques.

En outre, Sonko met l'accent sur la nécessité de renforcer la coopération régionale et internationale pour relever les défis communs tels que la sécurité, la migration et le développement économique. Il plaide pour une diplomatie active et constructive, fondée sur le respect mutuel et la coopération équitable entre les nations.

Enfin, Sonko appelle à une réforme du système judiciaire pour garantir l'indépendance de la justice et l'égalité devant la loi pour tous les citoyens. Il propose des mesures pour lutter contre l'impunité, renforcer l'accès à la justice pour les plus défavorisés et promouvoir une culture de respect des droits fondamentaux.

En somme, les idées politiques d'Ousmane Sonko offrent une vision ambitieuse et inclusive pour l'avenir du Sénégal, basée sur des principes de justice, de démocratie et de développement durable. Sonko incarne ainsi l'espoir d'un changement positif et d'une gouvernance plus équitable et transparente pour tous les Sénégalais.

Sonko s'engage également à promouvoir l'égalité des genres et à lutter contre toutes les formes de discrimination à l'égard des femmes. Il propose des mesures pour garantir l'accès des femmes à l'éducation, à la santé et à l'emploi, ainsi que pour renforcer leur participation politique et leur représentation dans les instances de décision.

De plus, Sonko met en avant la nécessité de valoriser et de soutenir les jeunes entrepreneurs et innovateurs, considérant la jeunesse comme un moteur essentiel du développement économique et social du pays. Il propose des politiques visant à encourager l'entreprenariat, à faciliter l'accès au financement et à promouvoir l'innovation et la créativité chez les jeunes.

Enfin, Sonko appelle à une refonte du système fiscal pour le rendre plus équitable et plus progressif, en mettant davantage à contribution les plus aisés et en réduisant le fardeau fiscal sur les couches les plus vulnérables de la société. Il propose également des réformes pour lutter contre l'évasion fiscale et pour garantir une répartition plus juste des revenus et des richesses.

En résumé, les idées politiques d'Ousmane Sonko reflètent un engagement envers la justice sociale, l'égalité des chances et le développement durable. Sonko incarne ainsi l'espoir d'une gouvernance plus juste et plus inclusive pour tous les Sénégalais, et sa vision continue de mobiliser un large soutien à travers le pays.

Sonko insiste également sur l'importance de préserver la diversité culturelle du Sénégal et de promouvoir les expressions artistiques et culturelles du pays. Il propose des politiques de soutien aux artistes et artisans locaux, ainsi que des initiatives visant à protéger et à valoriser le patrimoine culturel sénégalais, contribuant ainsi à renforcer l'identité nationale et à promouvoir le rayonnement culturel du pays sur la scène internationale.

De plus, Sonko souligne l'importance de garantir la sécurité et la stabilité du pays, en particulier dans un contexte régional marqué par des défis sécuritaires croissants. Il propose des mesures pour renforcer les capacités de sécurité nationales, promouvoir la coopération régionale en matière de lutte contre le terrorisme et la criminalité transnationale, et pour assurer la protection des frontières du pays.

Enfin, Sonko appelle à une gestion responsable et durable des ressources naturelles du Sénégal, en mettant l'accent sur la préservation de l'environnement et la promotion d'une économie verte et durable. Il propose des politiques pour protéger les écosystèmes fragiles du pays, promouvoir les énergies renouvelables et réduire l'empreinte écologique de l'activité humaine sur l'environnement.

En conclusion, les idées politiques d'Ousmane Sonko offrent une vision globale et cohérente pour l'avenir du Sénégal, axée sur la justice sociale, le développement durable, la préservation de l'identité culturelle et la sécurité nationale. Sonko incarne ainsi l'espoir d'une gouvernance plus juste et plus responsable pour tous les Sénégalais, et sa vision continue de susciter un large soutien à travers le pays.

Sonko s'engage également à renforcer les politiques de protection sociale pour garantir la sécurité économique et le bien-être des citoyens les plus vulnérables. Il propose des mesures pour étendre la couverture sociale, notamment en matière de santé, de retraite et d'assurance chômage, afin de réduire les inégalités et de garantir un filet de sécurité pour tous les citoyens.

Par ailleurs, Sonko met en avant l'importance de promouvoir une agriculture durable et résiliente, capable de répondre aux défis du changement climatique et de garantir la sécurité alimentaire du pays. Il propose des politiques pour soutenir les petits agriculteurs, promouvoir des pratiques agricoles respectueuses de l'environnement et développer les filières agricoles locales.

Enfin, Sonko appelle à une réforme du système éducatif pour répondre aux besoins du marché du travail et pour préparer les jeunes à relever les défis du XXIe siècle. Il propose des mesures pour renforcer l'enseignement professionnel et technique, promouvoir l'innovation et l'entrepreneuriat chez les jeunes, et pour garantir un accès équitable à une éducation de qualité pour tous les enfants sénégalais.

En résumé, les idées politiques d'Ousmane Sonko offrent une vision ambitieuse et inclusive pour l'avenir du Sénégal, axée sur la justice sociale, le développement durable, la sécurité économique et la promotion des droits fondamentaux. Sonko incarne ainsi l'espoir d'une gouvernance plus juste et plus responsable pour tous les Sénégalais, et sa vision continue de mobiliser un large soutien à travers le pays.

Sonko met également en avant la nécessité de renforcer la participation citoyenne et la démocratie participative dans la prise de décision politique. Il propose des mécanismes pour impliquer davantage les citoyens dans le processus politique, notamment à travers des consultations publiques, des débats ouverts et la promotion de la société civile.

De plus, Sonko souligne l'importance de la lutte contre toutes les formes de discrimination et de marginalisation, y compris celles basées sur le genre, l'ethnie, la religion ou l'orientation sexuelle. Il s'engage à promouvoir l'égalité des chances et le respect des droits de l'homme pour tous les citoyens, en mettant en œuvre des politiques inclusives et non discriminatoires.

Enfin, Sonko appelle à une gouvernance plus transparente et responsable, avec une reddition de comptes accrue des dirigeants politiques et une lutte déterminée contre la corruption. Il propose des mesures pour renforcer les institutions de contrôle et de surveillance, promouvoir la transparence dans la gestion des affaires publiques et garantir une administration publique au service des intérêts de la population.

En conclusion, les idées politiques d'Ousmane Sonko offrent une vision cohérente et progressiste pour l'avenir du Sénégal, axée sur la justice sociale, la démocratie participative, la promotion des droits fondamentaux et la bonne gouvernance. Sonko incarne ainsi l'espoir d'une gouvernance plus juste, transparente et inclusive pour tous les Sénégalais, et sa vision continue de mobiliser un large soutien à travers le pays.

Sonko s'engage également à promouvoir une politique étrangère basée sur le respect mutuel, la coopération équitable et la défense des intérêts nationaux du Sénégal. Il propose de renforcer les relations diplomatiques avec les pays voisins et les partenaires internationaux, tout en défendant fermement la souveraineté et l'indépendance du pays.

De plus, Sonko souligne l'importance de la protection de l'environnement et de la lutte contre le changement climatique dans les relations internationales. Il appelle à une coopération internationale renforcée pour faire face aux défis environnementaux mondiaux, notamment en matière de réduction des émissions de gaz à effet de serre et d'adaptation aux effets du changement climatique.

Enfin, Sonko met en avant la nécessité de promouvoir la paix et la stabilité dans la région, en soutenant les efforts de médiation et de prévention des conflits. Il appelle à une approche proactive pour résoudre les tensions et les crises régionales, et à une coopération renforcée entre les États pour faire face aux menaces communes à la sécurité et à la stabilité de la région.

En résumé, les idées politiques d'Ousmane Sonko offrent une vision globale et équilibrée pour l'action internationale du Sénégal, axée sur le respect des principes de souveraineté, de solidarité et de coopération mutuellement bénéfique. Sonko incarne ainsi l'espoir d'une diplomatie sénégalaise plus active et plus influente sur la scène internationale, et sa vision continue de mobiliser un large soutien à travers le pays.

Sonko insiste également sur l'importance de la coopération économique régionale et internationale pour stimuler le développement du Sénégal et favoriser l'intégration économique avec ses partenaires. Il propose des politiques pour renforcer les échanges commerciaux, attirer les investissements étrangers et promouvoir la diversification de l'économie nationale, notamment à travers le développement des secteurs de l'agriculture, de l'industrie et des services.

De plus, Sonko met en avant la nécessité de protéger les intérêts économiques du Sénégal dans les relations commerciales internationales, en veillant à ce que les accords commerciaux soient équitables et respectueux des normes environnementales et sociales. Il s'engage à défendre les intérêts des travailleurs sénégalais et des petites entreprises locales dans les négociations commerciales internationales.

Enfin, Sonko appelle à une meilleure coordination des politiques économiques au niveau régional et international pour faire face aux défis économiques mondiaux tels que la volatilité des prix des matières premières, les flux financiers illicites et les crises économiques. Il plaide pour une approche plus solidaire et coopérative entre les nations pour relever ces défis et promouvoir un développement économique durable et inclusif.

En conclusion, les idées politiques d'Ousmane Sonko offrent une vision ambitieuse et pragmatique pour le développement économique du Sénégal, axée sur la promotion de l'emploi, la diversification économique et la protection des intérêts nationaux dans les relations commerciales internationales. Sonko incarne ainsi l'espoir d'une prospérité partagée et d'une économie plus juste et plus équilibrée pour tous les Sénégalais, et sa vision continue de mobiliser un large soutien à travers le pays.

D'abord, Sonko insiste sur la nécessité de réformer en profondeur le système politique sénégalais, qui selon lui est marqué par la corruption, le clientélisme et le manque de transparence. Il propose des mesures pour renforcer les institutions démocratiques, promouvoir la séparation des pouvoirs et garantir l'indépendance de la justice afin de restaurer la confiance des citoyens dans le système politique.

Ensuite, Sonko met l'accent sur l'urgence de lutter contre la corruption qui mine les fondements de la société sénégalaise. Il propose des réformes pour renforcer les mécanismes de lutte contre la corruption, notamment en renforçant les institutions de contrôle et de surveillance, en instaurant des sanctions sévères contre les auteurs de corruption et en promouvant une culture de responsabilité et d'intégrité au sein de l'appareil d'État.

Chapitre 5: Les Confrontations et les Défis

Les défis et les obstacles rencontrés par Sonko dans sa carrière politique, y compris les controverses, les affrontements avec les autorités et les luttes internes au sein de l'opposition.

Ousmane Sonko a dû faire face à plusieurs défis et obstacles tout au long de sa carrière politique, notamment des controverses, des affrontements avec les autorités et des luttes internes au sein de l'opposition.

L'un des principaux défis auxquels Sonko a été confronté est la résistance des élites politiques établies qui ont cherché à délégitimer sa montée en popularité et à entraver son ascension politique. Sonko a souvent été la cible de campagnes de diffamation et de dénigrement de la part de ses adversaires politiques, qui ont tenté de discréditer son image et sa réputation.

De plus, Sonko a été confronté à des affrontements avec les autorités en raison de son opposition frontale aux politiques du gouvernement en place. Il a été arrêté à plusieurs reprises et fait l'objet de poursuites judiciaires, notamment pour des accusations qu'il considère comme politiquement motivées visant à l'intimider et à le réduire au silence.

Par ailleurs, Sonko a dû faire face à des luttes internes au sein de l'opposition, marquées par des rivalités personnelles et des divergences stratégiques. Les dissensions au sein des partis politiques de l'opposition ont parfois affaibli la capacité de Sonko à mobiliser un front uni contre le gouvernement en place, ce qui a constitué un défi supplémentaire dans sa lutte pour le changement politique.

Malgré ces défis et obstacles, Ousmane Sonko a su faire preuve de résilience et de détermination dans sa carrière politique, en maintenant le cap sur ses idéaux et en continuant à défendre les intérêts du peuple sénégalais. Sa capacité à surmonter les obstacles et à rester fidèle à ses convictions en fait une figure politique remarquable et inspirante pour de nombreux citoyens.

Ousmane Sonko a dû faire face à plusieurs défis et obstacles tout au long de sa carrière politique, notamment des controverses, des affrontements avec les autorités et des luttes internes au sein de l'opposition.

L'un des principaux défis auxquels Sonko a été confronté est la résistance des élites politiques établies qui ont cherché à délégitimer sa montée en popularité et à entraver son ascension politique. Sonko a souvent été la cible de campagnes de diffamation et de dénigrement de la part de ses adversaires politiques, qui ont tenté de discréditer son image et sa réputation.

De plus, Sonko a été confronté à des affrontements avec les autorités en raison de son opposition frontale aux politiques du gouvernement en place. Il a été arrêté à plusieurs reprises et fait l'objet de poursuites judiciaires, notamment pour des accusations qu'il considère comme politiquement motivées visant à l'intimider et à le réduire au silence.

Par ailleurs, Sonko a dû faire face à des luttes internes au sein de l'opposition, marquées par des rivalités personnelles et des divergences stratégiques. Les dissensions au sein des partis politiques de l'opposition ont parfois affaibli la capacité de Sonko à mobiliser un front uni contre le gouvernement en place, ce qui a constitué un défi supplémentaire dans sa lutte pour le changement politique.

Malgré ces défis et obstacles, Ousmane Sonko a su faire preuve de résilience et de détermination dans sa carrière politique, en maintenant le cap sur ses idéaux et en continuant à défendre les intérêts du peuple sénégalais. Sa capacité à surmonter les obstacles et à rester fidèle à ses convictions en fait une figure politique remarquable et inspirante pour de nombreux citoyens.

Malgré ses efforts pour surmonter les obstacles, Ousmane Sonko a également été confronté à des controverses et à des critiques au cours de sa carrière politique. Certaines de ses positions politiques et déclarations ont suscité des débats et des désaccords parmi les citoyens et les analystes politiques.

De plus, Sonko a dû faire face à des pressions politiques et économiques, notamment de la part de certains cercles d'influence qui ont cherché à contrer son influence et à affaiblir sa position politique. Ces pressions ont parfois entravé sa capacité à mettre en œuvre son programme politique et à mobiliser efficacement ses partisans.

En dépit de ces défis, Ousmane Sonko continue de jouer un rôle important dans la politique sénégalaise en tant que leader de l'opposition et figure emblématique de la lutte pour la justice sociale et la démocratie. Sa résilience face à l'adversité et sa détermination à défendre les intérêts du peuple sénégalais continuent d'inspirer de nombreux citoyens et de renforcer son soutien au sein de la population.

Sonko reste également engagé dans la promotion de la démocratie et de la transparence, en appelant à des réformes politiques visant à renforcer les institutions démocratiques et à garantir une gouvernance plus responsable et plus inclusive. Il continue de défendre ses idéaux politiques malgré les difficultés rencontrées, affirmant sa volonté de poursuivre la lutte pour un Sénégal meilleur et plus juste pour tous ses citoyens.

Malgré les défis et les obstacles rencontrés tout au long de sa carrière politique, Ousmane Sonko demeure une figure emblématique de l'opposition sénégalaise, un leader charismatique et résolu qui incarne les aspirations d'une grande partie de la population pour un changement véritable et positif. Son influence et sa détermination continuent de jouer un rôle crucial dans le paysage politique du Sénégal, et son héritage politique restera sans aucun doute marqué dans l'histoire du pays.

Sonko continue d'inspirer de nombreux citoyens sénégalais par son engagement en faveur de la justice sociale, de la démocratie et de la transparence. Son influence dépasse les frontières politiques et son discours résonne auprès d'une grande variété de groupes socio-économiques à travers le pays. Malgré les défis rencontrés, il reste déterminé à poursuivre sa lutte pour un Sénégal plus juste et équitable pour tous ses citoyens.

Sa capacité à mobiliser les masses et à susciter l'espoir d'un avenir meilleur fait de lui une figure politique incontournable, et son impact sur la scène politique sénégalaise se fait sentir de manière significative. Sonko incarne ainsi l'espoir d'un changement positif et sa voix continue de résonner dans le paysage politique du Sénégal, inspirant des générations de citoyens à s'engager pour un avenir meilleur.

Sonko continue également de défendre les droits fondamentaux et les libertés civiles, appelant à la protection des droits de l'homme et à la promotion de l'inclusion sociale pour tous les citoyens sénégalais. Son engagement en faveur de la justice et de l'égalité lui confère une légitimité auprès d'une large part de la population qui aspire à un système politique plus équitable et transparent.

En outre, Sonko reste un fervent défenseur de la participation citoyenne et de l'engagement démocratique, encourageant les citoyens à s'impliquer dans les affaires publiques et à exercer leur droit de vote de manière éclairée. Sonko incarne ainsi les valeurs démocratiques et républicaines qui sont au cœur de la vie politique sénégalaise, et son leadership continue de mobiliser un soutien populaire considérable à travers le pays.

Sonko reste également un acteur majeur dans le débat politique national, en contribuant à façonner les politiques publiques et à influencer l'agenda politique du pays. Ses prises de position sur des questions cruciales telles que la gouvernance, l'économie, l'éducation et l'environnement continuent de susciter des discussions et de stimuler le dialogue politique au Sénégal.

En dépit des défis persistants, Sonko demeure un leader politique résolu et déterminé à œuvrer pour le bien-être de la nation sénégalaise. Son impact sur la scène politique du pays est indéniable, et son héritage politique continue d'inspirer et de mobiliser un large éventail de citoyens engagés dans la construction d'un Sénégal meilleur et plus prospère pour tous. Sonko incarne ainsi l'espoir d'un avenir plus prometteur pour le Sénégal et demeure une figure emblématique de la lutte pour la démocratie, la justice sociale et le progrès dans le pays.

Sonko continue d'être une force motrice dans la politique sénégalaise, défendant avec passion ses convictions et luttant pour les droits et les intérêts des citoyens. Son leadership visionnaire et sa détermination à surmonter les obstacles font de lui une figure emblématique de l'opposition et un modèle pour de nombreux citoyens sénégalais.

Malgré les pressions et les difficultés auxquelles il est confronté, Sonko reste fidèle à ses principes et à sa vision d'un Sénégal plus juste et plus prospère. Son engagement en faveur du changement et de la transformation sociale continue d'inspirer l'espoir et la mobilisation autour de sa cause, renforçant ainsi son influence et son impact sur la scène politique du pays.

En conclusion, Ousmane Sonko incarne l'espoir d'un avenir meilleur pour le Sénégal, portant les aspirations d'une nation vers un avenir de progrès, de démocratie et de justice sociale. Son héritage politique et son engagement envers les valeurs démocratiques resteront gravés dans l'histoire du pays, laissant une empreinte indélébile sur la société sénégalaise et inspirant les générations futures à poursuivre le combat pour un Sénégal meilleur.

Sonko demeure un exemple de leadership courageux et déterminé, prêt à défendre les intérêts du peuple sénégalais contre toute adversité. Son engagement envers la démocratie, la transparence et la justice sociale continue d'inspirer de nombreux citoyens à s'impliquer dans la vie politique du pays et à œuvrer pour un avenir meilleur.

En tant que figure emblématique de l'opposition, Sonko continue de jouer un rôle crucial dans la promotion du débat démocratique et dans la défense des libertés civiles au Sénégal. Son influence dépasse les frontières politiques et transcende les clivages partisans, unifiant les citoyens autour de valeurs communes de liberté, de justice et d'égalité.

Dans un contexte politique marqué par des défis complexes et des enjeux cruciaux, Ousmane Sonko demeure un phare d'espoir pour beaucoup, symbolisant la possibilité d'un changement positif et d'une gouvernance plus responsable au Sénégal. Son dévouement et sa détermination à servir son pays continuent d'inspirer respect et admiration, et son héritage politique restera vivant dans la conscience collective du peuple sénégalais pour les générations à venir.

Chapitre 6: L'Héritage Politique de Sonko

Depuis son émergence sur la scène politique sénégalaise, Ousmane Sonko a laissé une empreinte indélébile sur le paysage politique du Sénégal. Son héritage politique se dessine à travers plusieurs aspects clés qui ont marqué son parcours et ont profondément influencé le débat politique dans le pays.

L'une des caractéristiques les plus marquantes de l'héritage politique de Sonko est sa lutte intransigeante contre la corruption. Dès ses débuts en tant qu'inspecteur des impôts, Sonko s'est engagé à dénoncer les pratiques corrompues au sein de l'administration sénégalaise. Cette lutte contre la corruption est devenue le pilier central de son action politique, le distinguant comme un fervent défenseur de l'intégrité et de la transparence.

La Voix des Marginalisés

Sonko a également été reconnu pour être la voix des marginalisés et des défavorisés au Sénégal. En mettant en lumière les inégalités économiques et sociales qui persistent dans le pays, il a attiré l'attention sur les difficultés rencontrées par de nombreux Sénégalais. Son plaidoyer en faveur des droits des travailleurs, des jeunes et des communautés rurales a contribué à faire entendre les préoccupations des couches les plus vulnérables de la société.

Ousmane Sonko, dans son engagement politique, se fait le porte-parole des marginalisés, ceux qui sont souvent laissés pour compte dans les processus de développement et de prise de décision. Sonko se distingue par sa détermination à écouter et à intégrer les voix de ces groupes marginalisés dans l'élaboration des politiques publiques.

1. Défense des Droits des Travailleurs Informels

Sonko s'engage à protéger et à promouvoir les droits des travailleurs du secteur informel, qui représentent une grande partie de la population active au Sénégal. Il propose des réformes pour formaliser ce secteur, garantir des conditions de travail décentes, et offrir une protection sociale adéquate. Son objectif est de sécuriser les moyens de subsistance de ces travailleurs et de leur offrir des opportunités de développement économique.

2. Soutien aux Femmes et à l'Égalité des Genres

Sonko met l'accent sur l'égalité des genres et l'autonomisation des femmes. Il promeut des politiques visant à combattre les discriminations et les violences faites aux femmes, à améliorer leur accès à l'éducation, à la santé et à l'emploi, et à encourager leur participation active dans la vie politique et économique du pays. Sonko soutient également les initiatives de microfinance pour aider les femmes entrepreneures à démarrer et à développer leurs entreprises.

3. Inclusion des Personnes Handicapées

Sonko milite pour une société inclusive où les personnes handicapées ont les mêmes opportunités que les autres citoyens. Il propose des infrastructures accessibles, des programmes éducatifs adaptés, et des mesures pour favoriser leur intégration professionnelle. Sonko travaille également à sensibiliser la société aux droits des personnes handicapées et à lutter contre les préjugés et la stigmatisation.

4. Droits des Minorités Ethniques et Religieuses

Reconnaissant la diversité culturelle et religieuse du Sénégal, Sonko s'engage à défendre les droits des minorités ethniques et religieuses. Il propose des politiques de protection contre la discrimination et de promotion de la coexistence pacifique. Sonko soutient également les initiatives qui valorisent les cultures locales et favorisent le dialogue interculturel.

5. Amélioration des Conditions de Vie dans les Zones Rurales

Sonko met un accent particulier sur le développement des zones rurales, souvent négligées dans les politiques de développement. Il propose des investissements dans les infrastructures rurales, telles que les routes, les écoles et les centres de santé, ainsi que des programmes de soutien à l'agriculture et à l'entrepreneuriat rural. Son objectif est de réduire les disparités entre les zones urbaines et rurales et de garantir un développement équilibré du pays.

6. Soutien aux Jeunes Marginalisés

Sonko est conscient des défis auxquels font face les jeunes, en particulier ceux des milieux défavorisés. Il propose des programmes de formation professionnelle, de mentorat et d'entrepreneuriat pour offrir des perspectives d'avenir aux jeunes. Sonko s'engage également à lutter contre le chômage des jeunes et à créer des opportunités d'emploi durable pour cette tranche de la population.

7. Droits des Réfugiés et Migrants

Sonko défend les droits des réfugiés et des migrants, prônant une politique d'accueil respectueuse de la dignité humaine. Il propose des mesures pour garantir leur protection, leur accès aux services essentiels et leur intégration dans la société sénégalaise. Sonko s'engage également à travailler avec la communauté internationale pour trouver des solutions durables aux crises migratoires.

8. Plaidoyer pour les Sans-Voix

Sonko se positionne comme le défenseur des sans-voix, ceux qui sont exclus du débat public et des processus décisionnels. Il s'engage à leur donner une plateforme pour s'exprimer et à prendre en compte leurs préoccupations dans l'élaboration des politiques publiques. Sonko milite pour une gouvernance participative où chaque citoyen a la possibilité de contribuer à la construction de la société.

En somme, Ousmane Sonko se consacre à amplifier la voix des marginalisés, à lutter pour leurs droits et à garantir leur inclusion dans le développement du Sénégal. Par ses actions et ses politiques, il aspire à construire un pays où chacun, indépendamment de sa situation, a la chance de vivre dignement et de contribuer au progrès national.

9. Promotion de l'Éducation Inclusive

Sonko reconnaît que l'éducation est un levier essentiel pour l'émancipation des groupes marginalisés. Il s'engage à garantir l'accès à une éducation de qualité pour tous les enfants, y compris ceux issus de familles défavorisées, les enfants en situation de handicap et les filles. Sonko propose des réformes pour améliorer les infrastructures scolaires, former les enseignants et adapter les programmes scolaires aux besoins spécifiques des élèves. Il soutient également les initiatives visant à réduire le taux d'abandon scolaire et à encourager la scolarisation des filles.

10. Accès Universel aux Soins de Santé

Sonko met l'accent sur l'importance de l'accès universel aux soins de santé. Il propose des réformes pour rendre les services de santé accessibles et abordables pour tous, en particulier pour les populations rurales et marginalisées. Sonko soutient le développement des infrastructures de santé, la formation des professionnels de santé et la mise en place de programmes de prévention et de sensibilisation. Son objectif est de garantir que chaque citoyen sénégalais puisse recevoir les soins dont il a besoin, indépendamment de sa situation économique ou géographique.

11. Participation Active des Marginalisés dans les Décisions Politiques

Sonko milite pour une gouvernance participative où les groupes marginalisés ont leur mot à dire dans les décisions politiques qui les concernent. Il propose des mécanismes de consultation et de participation citoyenne pour s'assurer que les voix des marginalisés sont entendues et prises en compte. Sonko soutient également la représentation politique des femmes, des jeunes et des minorités, en encourageant leur participation active dans les processus électoraux et les instances décisionnelles.

12. Réforme du Logement et des Conditions de Vie

Sonko reconnaît l'importance d'un logement décent pour la dignité humaine. Il propose des programmes de construction de logements sociaux et de rénovation des quartiers informels pour améliorer les conditions de vie des populations marginalisées. Sonko soutient également des politiques de régulation du marché immobilier pour prévenir les expulsions forcées et garantir l'accès à un logement abordable pour tous.

13. Autonomisation Économique des Marginalisés

Sonko prône des initiatives pour l'autonomisation économique des groupes marginalisés, en particulier les femmes et les jeunes. Il propose des programmes de microfinance, de formation professionnelle et de soutien à l'entrepreneuriat pour permettre à ces groupes de développer leurs compétences et de créer des activités génératrices de revenus. Sonko s'engage à créer un environnement favorable à l'entrepreneuriat et à l'innovation, en facilitant l'accès aux ressources financières et en offrant des services de soutien aux entreprises.

14. Protection de l'Environnement et Développement Durable

Sonko met en avant l'importance de la protection de l'environnement pour le bien-être des populations marginalisées, souvent les plus affectées par les dégradations environnementales. Il propose des politiques de gestion durable des ressources naturelles, de lutte contre la pollution et de promotion des énergies renouvelables. Sonko soutient également des initiatives communautaires pour la conservation de l'environnement et l'adaptation au changement climatique.

15. Dialogue et Réconciliation

Sonko prône le dialogue et la réconciliation comme moyens de résoudre les conflits et de renforcer la cohésion sociale. Il propose des initiatives pour favoriser le dialogue entre les différentes communautés, promouvoir la tolérance et prévenir les violences intercommunautaires. Sonko s'engage à travailler avec les leaders communautaires, les organisations de la société civile et les institutions religieuses pour construire une société harmonieuse et solidaire.

En conclusion, Ousmane Sonko se positionne comme un défenseur ardent des marginalisés, œuvrant pour une société plus équitable et inclusive. Ses initiatives et ses politiques visent à garantir que chaque Sénégalais, indépendamment de sa situation, ait accès aux opportunités nécessaires pour s'épanouir et contribuer au développement du pays. Par son engagement, Sonko aspire à transformer le

Sénégal en une nation où la justice sociale, l'égalité et la dignité humaine sont des réalités pour tous.

La Dénonciation de la Corruption

Ousmane Sonko s'est imposé comme l'un des plus fervents dénonciateurs de la corruption au Sénégal. Son engagement dans la lutte contre la corruption est un élément central de sa carrière politique et constitue l'un des piliers de sa vision pour un Sénégal plus juste et transparent.

1. Prise de Position Clairvoyante

Dès ses débuts en politique, Sonko a pris des positions claires et fermes contre la corruption. Il a souvent dénoncé les pratiques corruptives au sein de l'administration publique, appelant à une gestion plus transparente des ressources publiques. Sonko a mis en lumière plusieurs scandales financiers, attirant l'attention sur des détournements de fonds et des malversations.

2. Propositions de Réformes Institutionnelles

Sonko propose des réformes institutionnelles pour renforcer la lutte contre la corruption. Il préconise la création d'organismes indépendants de contrôle et d'audit, dotés de pouvoirs réels pour enquêter et sanctionner les actes de corruption. Sonko soutient également la transparence dans les marchés publics et la gestion des entreprises publiques, afin de prévenir les abus et les conflits d'intérêts.

3. Promotion de la Transparence et de la Reddition des Comptes

La transparence et la reddition des comptes sont au cœur de la vision de Sonko. Il milite pour la publication systématique des rapports financiers des institutions publiques et la mise en place de mécanismes permettant aux citoyens de suivre l'utilisation des fonds publics. Sonko propose également des lois pour protéger les lanceurs d'alerte, encourageant ainsi la dénonciation des actes corruptifs.

4. Éducation et Sensibilisation

Sonko reconnaît l'importance de l'éducation et de la sensibilisation dans la lutte contre la corruption. Il propose des campagnes de sensibilisation pour informer les citoyens sur leurs droits et les mécanismes de lutte contre la corruption. Sonko soutient également l'intégration de l'éducation à la citoyenneté et à l'éthique dans les programmes scolaires, afin de former une nouvelle génération de leaders intègres.

5. Renforcement de la Justice

Pour Sonko, une justice forte et indépendante est essentielle pour lutter efficacement contre la corruption. Il prône des réformes pour garantir l'indépendance du système judiciaire et améliorer son efficacité. Sonko propose de doter les tribunaux et les organes de lutte contre la corruption des ressources nécessaires pour mener à bien leurs missions, et de veiller à ce que les cas de corruption soient traités avec rigueur et célérité.

6. Engagement Personnel et Intégrité

Sonko se positionne comme un modèle d'intégrité et de transparence. Il a souvent déclaré ses biens et ses intérêts de manière publique, invitant les autres responsables politiques à faire de même. Son engagement personnel contre la corruption lui a valu le soutien de nombreux citoyens, qui voient en lui un leader capable de redonner confiance dans les institutions publiques.

7. Collaboration Internationale

Sonko comprend également l'importance de la collaboration internationale dans la lutte contre la corruption. Il propose de renforcer les partenariats avec les organisations internationales et les pays voisins pour partager les bonnes pratiques et coordonner les efforts de lutte contre la corruption transnationale. Sonko soutient également l'adhésion du Sénégal aux conventions internationales de lutte contre la corruption.

En conclusion, la dénonciation de la corruption par Ousmane Sonko est une composante essentielle de son engagement politique. Par ses actions et ses propositions, Sonko aspire à créer un environnement où la transparence, l'intégrité et la justice prévalent. Son approche déterminée et proactive vise à éradiquer la corruption et à construire un Sénégal où les ressources publiques sont gérées de manière responsable et équitable, au bénéfice de tous les citoyens.

8. Renforcement des Capacités des Institutions de Contrôle

Ousmane Sonko met un accent particulier sur le renforcement des capacités des institutions de contrôle et de lutte contre la corruption. Il propose des formations continues pour les agents de ces institutions afin qu'ils soient mieux équipés pour détecter, enquêter et poursuivre les actes de corruption. Sonko soutient également l'allocation de ressources adéquates à ces institutions pour garantir leur indépendance et leur efficacité.

9. Amélioration de la Gouvernance Locale

Sonko reconnaît que la corruption peut aussi se manifester au niveau local. Il propose des mesures pour améliorer la gouvernance locale, notamment par la formation des élus locaux et des fonctionnaires municipaux en matière de transparence et de gestion des finances publiques. Sonko encourage également la participation des citoyens à la gestion des affaires locales pour garantir une meilleure reddition des comptes.

10. Collaboration avec la Société Civile

Sonko voit la société civile comme un partenaire clé dans la lutte contre la corruption. Il soutient le renforcement des organisations de la société civile qui travaillent sur la transparence et la bonne gouvernance. Sonko propose des mécanismes de collaboration entre le gouvernement et la société civile pour surveiller les pratiques corruptives et promouvoir la transparence.

11. Technologie et Innovation dans la Lutte contre la Corruption

Sonko préconise l'utilisation de la technologie et de l'innovation pour combattre la corruption. Il propose la mise en place de systèmes de gestion électronique pour les marchés publics et les transactions financières, permettant une traçabilité et une transparence accrues. Sonko soutient également le développement de plateformes en ligne où les citoyens peuvent signaler anonymement des cas de corruption.

12. Mesures pour la Transparence Financière

Sonko propose des réformes pour améliorer la transparence financière, notamment en rendant obligatoire la publication des déclarations de patrimoine pour les hauts fonctionnaires et les élus. Il soutient également l'instauration d'audits réguliers et indépendants des finances publiques, ainsi que la publication des résultats de ces audits.

13. Renforcement des Lois Anti-Corruption

Sonko s'engage à renforcer le cadre légal de la lutte contre la corruption. Il propose la révision et l'actualisation des lois existantes pour combler les lacunes et les failles qui permettent aux pratiques corruptives de persister. Sonko soutient également des peines plus sévères pour les infractions de corruption afin de dissuader les potentiels contrevenants.

14. Promotion de l'Éthique dans les Affaires

Sonko prône l'intégrité et l'éthique dans les affaires. Il propose des codes de conduite stricts pour les entreprises opérant au Sénégal, avec des mécanismes de surveillance pour garantir leur respect. Sonko soutient également les initiatives de responsabilité sociale des entreprises (RSE) pour encourager des pratiques commerciales éthiques et responsables.

15. Suivi et Évaluation des Politiques Anti-Corruption

Pour garantir l'efficacité des politiques anti-corruption, Sonko propose la mise en place de systèmes de suivi et d'évaluation rigoureux. Il prône l'élaboration de rapports réguliers sur l'état de la corruption et l'efficacité des mesures prises pour la combattre. Sonko soutient également la création de comités de suivi composés de représentants du gouvernement, de la société civile et du secteur privé.

16. Engagement International et Régional

Sonko s'engage à renforcer la coopération internationale et régionale dans la lutte contre la corruption. Il propose de travailler étroitement avec les organisations internationales comme l'Union africaine et les Nations Unies pour mettre en œuvre les conventions et les accords anti-corruption. Sonko soutient également les initiatives régionales pour harmoniser les législations et les pratiques en matière de lutte contre la corruption.

En conclusion, Ousmane Sonko se distingue par sa détermination à combattre la corruption sous toutes ses formes. Son approche comprehensive, qui inclut des réformes institutionnelles, des initiatives de transparence, l'utilisation de la technologie et la collaboration avec la société civile, vise à éradiquer ce fléau et à instaurer une gouvernance intègre et responsable. Son engagement personnel et ses propositions concrètes offrent une feuille de route prometteuse pour un Sénégal plus transparent et plus juste.

17. Encouragement de la Participation Citoyenne

Sonko prône la participation active des citoyens dans la lutte contre la corruption. Il propose des initiatives pour sensibiliser le public à l'importance de signaler les actes de corruption et pour fournir des outils permettant aux citoyens de surveiller l'utilisation des fonds publics. Sonko soutient la création de plateformes participatives en ligne où les citoyens peuvent suivre les projets de développement, poser des questions et soumettre des suggestions.

18. Protection des Lanceurs d'Alerte

Reconnaissant le rôle crucial des lanceurs d'alerte dans la lutte contre la corruption, Sonko propose des mesures pour leur protection. Il prône l'adoption de lois spécifiques pour garantir que ceux qui dénoncent des actes de corruption ne soient pas victimes de représailles. Sonko soutient également la création de mécanismes anonymes pour faciliter la dénonciation des pratiques corruptives sans crainte de répercussions.

19. Audit et Transparence des Finances Publiques

Sonko insiste sur l'importance d'auditer régulièrement les finances publiques et de publier les résultats de ces audits. Il propose de renforcer les institutions d'audit interne et externe pour garantir que les fonds publics soient utilisés de manière transparente et efficace. Sonko soutient également l'obligation pour les ministères et les agences gouvernementales de publier leurs rapports financiers et leurs budgets annuels.

20. Réforme des Marchés Publics

Pour réduire les opportunités de corruption dans les marchés publics, Sonko propose des réformes visant à rendre les processus de passation des marchés plus transparents et compétitifs. Il soutient l'utilisation de plateformes électroniques pour les appels d'offres et les soumissions, ce qui permettrait de suivre toutes les étapes du processus et de réduire les interventions humaines susceptibles de faciliter la corruption.

21. Engagement du Secteur Privé

Sonko voit le secteur privé comme un partenaire clé dans la lutte contre la corruption. Il propose des initiatives pour encourager les entreprises à adopter des pratiques commerciales éthiques et à se conformer aux normes de transparence. Sonko soutient également des programmes de certification pour les entreprises qui démontrent un haut niveau d'intégrité et de responsabilité sociale.

22. Évaluation Indépendante des Politiques Publiques

Sonko propose la mise en place d'évaluations indépendantes des politiques publiques pour mesurer leur efficacité et détecter les éventuels dysfonctionnements ou pratiques corruptives. Il soutient la collaboration avec des institutions de recherche et des think tanks pour fournir des analyses objectives et des recommandations basées sur des preuves.

23. Renforcement des Capacités de la Société Civile

Sonko propose des programmes de renforcement des capacités pour les organisations de la société civile afin qu'elles puissent jouer un rôle plus actif et efficace dans la lutte contre la corruption. Il soutient la formation en matière de suivi budgétaire, d'audit citoyen et d'analyse des politiques publiques, ainsi que le financement de projets qui promeuvent la transparence et la responsabilité.

24. Promotion d'une Culture de l'Intégrité

Sonko insiste sur l'importance de promouvoir une culture de l'intégrité à tous les niveaux de la société. Il propose des campagnes de sensibilisation pour inculquer les valeurs d'honnêteté et de responsabilité dès le plus jeune âge. Sonko soutient également l'organisation de conférences, d'ateliers et de séminaires pour discuter des enjeux de la corruption et des moyens de la combattre.

25. Mobilisation des Médias

Sonko reconnaît le rôle crucial des médias dans la lutte contre la corruption. Il propose des initiatives pour soutenir le journalisme d'investigation et pour garantir la liberté de la presse. Sonko soutient également la formation des journalistes sur les questions de transparence et de gouvernance, ainsi que la création de plateformes de collaboration entre les médias et les organisations de la société civile.

26. Engagement pour la Transparence dans le Financement Politique

Sonko milite pour la transparence dans le financement des partis politiques et des campagnes électorales. Il propose des lois pour réglementer les donations et les dépenses électorales, ainsi que des mécanismes de surveillance pour garantir que les fonds utilisés à des fins politiques soient déclarés et justifiés.

En conclusion, la dénonciation de la corruption par Ousmane Sonko est un engagement profond et multidimensionnel. Son approche inclusive et exhaustive vise à éradiquer la corruption à tous les niveaux et à instaurer une culture de transparence et d'intégrité au Sénégal. Par ses actions, ses propositions et son leadership, Sonko aspire à construire un pays où la justice, l'équité et la responsabilité sont les fondements de la gouvernance.

La Quête de Renouveau Politique

Sonko a également incarné une forme de renouveau politique au Sénégal. En proposant une alternative aux partis politiques traditionnels, souvent perçus comme éloignés des préoccupations réelles des citoyens, il a suscité un nouvel espoir chez de nombreux Sénégalais. Son discours axé sur la responsabilité, la justice sociale et la bonne gouvernance a galvanisé une partie de la population, en particulier les jeunes, à s'impliquer davantage dans la sphère politique.

Ousmane Sonko, figure emblématique de la scène politique sénégalaise, incarne une quête résolue de renouveau politique. Son engagement et ses actions visent à transformer profondément le paysage politique du Sénégal, en mettant l'accent sur la transparence, l'intégrité et la justice sociale.

1. Un Engagement pour la Transparence et la Lutte contre la Corruption

Sonko a fait de la lutte contre la corruption le pilier de son engagement politique. Il critique ouvertement les pratiques corruptives et milite pour une gestion transparente des ressources publiques. Sonko propose des réformes visant à renforcer les mécanismes de contrôle et de reddition des comptes, afin de restaurer la confiance des citoyens dans les institutions publiques.

2. Promotion de la Justice Sociale et Économique

Ousmane Sonko se distingue par son plaidoyer en faveur de la justice sociale. Il s'engage à réduire les inégalités économiques et sociales en mettant en place des politiques inclusives. Sonko défend les droits des travailleurs, soutient l'autonomisation des femmes et promeut l'accès équitable à l'éducation et aux soins de santé pour tous les Sénégalais.

3. Réformes Économiques et Soutien à l'Entrepreneuriat Local

Sonko prône des réformes économiques axées sur le soutien à l'entrepreneuriat local et à l'industrialisation du pays. Il encourage l'investissement dans les secteurs stratégiques tels que l'agriculture, les technologies de l'information et les énergies renouvelables. Sonko vise à créer un environnement favorable à l'innovation et à la création d'emplois pour les jeunes.

4. Défense des Droits de l'Homme et Renforcement de la Démocratie

Le renforcement des droits de l'homme et la promotion de la démocratie sont au cœur de la vision politique de Sonko. Il milite pour une plus grande participation citoyenne et pour des élections libres et transparentes. Sonko s'engage également à protéger les libertés fondamentales et à lutter contre les abus de pouvoir.

5. Valorisation de l'Expertise Locale et de la Diaspora

Sonko reconnaît l'importance de l'expertise locale et de la diaspora sénégalaise dans le développement du pays. Il encourage la diaspora à investir dans des projets de développement et à partager leurs compétences et expériences. Sonko propose également des initiatives visant à renforcer les capacités locales et à promouvoir le développement communautaire.

6. Écologie et Développement Durable

Conscient des enjeux environnementaux, Sonko intègre l'écologie dans son programme politique. Il soutient des politiques de développement durable, favorisant la protection de l'environnement et la gestion responsable des ressources naturelles. Sonko propose des initiatives pour lutter contre le changement climatique et promouvoir les énergies renouvelables.

7. Un Leadership Inspiré par l'Intégrité et la Responsabilité

Ousmane Sonko aspire à un leadership basé sur l'intégrité et la responsabilité. Il se présente comme un modèle de transparence et de probité, cherchant à instaurer une nouvelle éthique politique. Sonko met en avant la nécessité d'un leadership servant l'intérêt général et répondant aux aspirations légitimes du peuple sénégalais.

8. Renforcement de l'Éducation et de la Formation Professionnelle

Ousmane Sonko place l'éducation au centre de sa vision pour le renouveau du Sénégal. Il propose des réformes ambitieuses pour améliorer la qualité de l'éducation à tous les niveaux, depuis l'école primaire jusqu'à l'université. Sonko soutient également le développement de la formation professionnelle pour doter les jeunes des compétences nécessaires au marché du travail. Il prône l'accès équitable à l'éducation, y compris dans les régions rurales et défavorisées, pour garantir que chaque enfant sénégalais ait la possibilité de réaliser son potentiel.

9. Décentralisation et Développement Local

Sonko milite pour une décentralisation effective afin de rapprocher les centres de décision des citoyens. Il soutient l'autonomie des collectivités locales pour qu'elles puissent gérer efficacement leurs propres affaires et développer des solutions adaptées à leurs besoins spécifiques. Cette approche vise à favoriser un développement équilibré et inclusif à travers tout le pays, en donnant aux régions les moyens de prospérer.

10. Modernisation des Infrastructures

Le développement des infrastructures est une priorité pour Sonko. Il propose des investissements significatifs dans les transports, les communications, l'énergie et les services publics pour soutenir le développement économique et améliorer la qualité de vie des citoyens. Sonko met l'accent sur l'importance de projets d'infrastructure durables qui répondent aux besoins actuels et futurs du Sénégal.

11. Sécurité et Protection Civile

Sonko aborde également les questions de sécurité avec une stratégie globale qui comprend la prévention de la criminalité, le renforcement des forces de l'ordre, et la promotion de la justice sociale pour réduire les facteurs de vulnérabilité. Il met en avant l'importance de la coopération entre les communautés et les forces de sécurité pour créer un environnement sûr et stable.

12. Santé Publique et Bien-être

La santé publique est un autre domaine clé de l'engagement de Sonko. Il propose des réformes pour améliorer l'accès aux soins de santé, augmenter le nombre de professionnels de santé et moderniser les infrastructures médicales. Sonko insiste sur la prévention et l'éducation à la santé pour réduire les maladies et promouvoir un mode de vie sain.

13. Transparence et Réforme Électorale

Sonko appelle à une réforme électorale pour garantir des élections libres, justes et transparentes. Il soutient l'introduction de technologies modernes pour améliorer le processus électoral et prévenir les fraudes. Sonko s'engage également à renforcer les institutions chargées de superviser les élections pour assurer leur indépendance et leur efficacité.

14. Énergie et Autosuffisance

Sonko promeut l'énergie renouvelable et l'autosuffisance énergétique comme piliers du développement durable. Il soutient les initiatives pour exploiter les ressources naturelles du Sénégal de manière responsable et durable, et pour développer des sources d'énergie renouvelables telles que l'énergie solaire et éolienne. Son objectif est de réduire la dépendance du pays aux énergies fossiles et de garantir un approvisionnement énergétique stable et abordable pour tous.

15. Diplomatie et Coopération Internationale

Enfin, Sonko place une grande importance sur la diplomatie et la coopération internationale. Il prône une politique étrangère proactive qui renforce les relations du Sénégal avec ses voisins africains et la communauté internationale. Sonko soutient la participation du Sénégal aux initiatives régionales et mondiales pour promouvoir la paix, la sécurité et le développement économique.

En résumé, la quête de renouveau politique de Ousmane Sonko est un projet global et ambitieux visant à transformer le Sénégal en un pays plus juste, prospère et durable. Son engagement en faveur de la transparence, de la justice sociale, de l'éducation, de la santé, de la sécurité et de l'infrastructure reflète sa vision d'un leadership au service de tous les citoyens sénégalais.

16. Inclusion et Diversité

Ousmane Sonko prône une société inclusive où chaque individu, indépendamment de son origine, de son sexe, de sa religion ou de ses capacités, peut contribuer pleinement à la vie nationale. Il propose des politiques visant à promouvoir l'égalité des chances et à combattre toutes les formes de discrimination. Sonko soutient activement les initiatives qui favorisent l'inclusion des personnes handicapées, la représentation équitable des femmes dans tous les secteurs, et la reconnaissance des droits des minorités.

17. Soutien à la Culture et au Patrimoine

Sonko reconnaît l'importance de la culture et du patrimoine dans l'identité nationale. Il propose des initiatives pour préserver et promouvoir le riche patrimoine culturel du Sénégal, y compris ses traditions, ses langues et ses arts. Sonko soutient également les industries culturelles et créatives comme moteurs de développement économique et de cohésion sociale.

18. Amélioration du Système Judiciaire

Pour renforcer l'État de droit, Sonko met l'accent sur la réforme du système judiciaire. Il propose des mesures pour garantir l'indépendance de la justice, améliorer l'accès à la justice pour tous les citoyens, et accélérer les procédures judiciaires. Sonko s'engage à lutter contre la corruption au sein du système judiciaire et à garantir que les juges et les avocats puissent travailler sans pression ni ingérence.

19. Renforcement de la Protection Sociale

Sonko veut renforcer le système de protection sociale pour garantir un filet de sécurité pour les plus vulnérables. Il propose des programmes de protection sociale robustes, y compris des allocations pour les familles à faible revenu, des pensions pour les personnes âgées, et des aides pour les personnes en situation de handicap. Son objectif est de réduire la pauvreté et de garantir une vie digne à tous les Sénégalais.

20. Gestion Durable des Ressources Naturelles

Sonko met un accent particulier sur la gestion durable des ressources naturelles du Sénégal, notamment ses ressources halieutiques, minières et forestières. Il propose des politiques pour prévenir la surexploitation et assurer une gestion équitable et durable des ressources. Sonko soutient également les initiatives de reboisement et de conservation de la biodiversité pour protéger l'environnement et les moyens de subsistance des communautés locales.

21. Promotion de l'Innovation et de la Recherche

Pour stimuler le développement, Sonko met en avant la promotion de l'innovation et de la recherche. Il propose des investissements dans la recherche scientifique et technologique, et la création de partenariats entre les universités, les centres de recherche et les industries. Sonko vise à faire du Sénégal un hub de l'innovation en Afrique, capable de développer des solutions locales aux défis mondiaux.

22. Renforcement de la Coopération Régionale et Internationale

Sonko croit en la coopération régionale et internationale comme levier de développement. Il propose de renforcer les partenariats avec les pays voisins et les organisations internationales pour promouvoir la paix, la sécurité et le développement économique. Sonko soutient également la participation active du Sénégal aux initiatives africaines et mondiales pour aborder les enjeux globaux comme le changement climatique et les migrations.

23. Engagement envers les Jeunes

Reconnaissant que les jeunes représentent l'avenir du Sénégal, Sonko met un accent particulier sur leur inclusion et leur empowerment. Il propose des programmes de mentorat, de formation professionnelle et d'entrepreneuriat pour les jeunes. Sonko soutient également les initiatives visant à encourager la participation des jeunes à la vie politique et à la prise de décision

En conclusion, la quête de renouveau politique de Ousmane Sonko est vaste et multidimensionnelle. Son approche intégrée vise à transformer le Sénégal en une nation prospère, juste, et durable, en s'attaquant aux racines des problèmes socio-économiques et en promouvant une gouvernance transparente et inclusive. Son engagement profond envers les principes de justice, de démocratie et de développement durable fait de lui un leader déterminé à apporter des changements positifs et durables pour tous les Sénégalais.

En somme, la quête de renouveau politique de Ousmane Sonko est marquée par son engagement en faveur de la transparence, de la justice sociale, des réformes économiques, des droits de l'homme, et du développement durable. Son leadership inspiré et ses actions visent à bâtir un Sénégal plus juste, plus inclusif et plus prospère pour tous ses citoyens.

La Contestation de l'Ordre Établi

Enfin, l'héritage politique de Sonko est caractérisé par sa volonté de contester l'ordre établi et de remettre en question les pratiques politiques conventionnelles. Sonko a souvent pris des positions audacieuses et controversées, défiant les élites politiques et économiques du pays. Cette posture de contestation a contribué à dynamiser le débat démocratique au Sénégal, en encourageant une plus grande diversité d'opinions et en stimulant la participation citoyenne.

En conclusion, l'héritage politique d'Ousmane Sonko réside dans sa lutte contre la corruption, sa représentation des marginalisés, son appel au renouveau politique et sa contestation de l'ordre établi. Que l'on partage ou non ses idées, il est indéniable que Sonko a laissé une empreinte durable sur la scène politique sénégalaise et a contribué à façonner le paysage politique moderne du Sénégal.

La Continuité de l'Engagement

Malgré les défis et les obstacles rencontrés sur son chemin, Sonko continue d'incarner un engagement indéfectible envers ses convictions. Son héritage politique ne se limite pas à son parcours individuel, mais s'étend à travers les mouvements et les idéaux qu'il a inspirés chez de nombreux citoyens sénégalais. Sa capacité à mobiliser et à galvaniser les masses autour de causes communes a renforcé son influence et son impact sur la scène politique.

Les Défis et les Opportunités à Venir

Alors que l'héritage politique de Sonko continue de se consolider, il reste confronté à de nombreux défis et opportunités. La consolidation de ses idéaux dans les structures politiques existantes, la construction de coalitions efficaces et la gestion des attentes de ses partisans sont autant de défis auxquels il doit faire face. Cependant, il existe également des opportunités de catalyser un changement durable et de transformer les aspirations politiques en actions concrètes.

En définitive, l'héritage politique de Sonko est un mélange complexe d'idéaux, d'actions et d'influences. Sa capacité à mobiliser les masses, à défier les normes établies et à incarner l'espoir d'un avenir meilleur pour le Sénégal a marqué profondément le paysage politique du pays. Alors que l'histoire politique du Sénégal continue de s'écrire, l'héritage de Sonko restera un chapitre important dans le récit de la démocratie et du changement social au Sénégal.

La Réponse de l'Établissement

Face à l'émergence de Sonko et à son héritage politique croissant, l'établissement politique sénégalais a également réagi de diverses manières. Certains ont cherché à minimiser son influence en le dépeignant comme un agitateur ou un politicien opportuniste, tandis que d'autres ont tenté de coopter ses idées populaires pour renforcer leur propre légitimité. Cette tension entre Sonko et l'établissement politique traditionnel a façonné le paysage politique sénégalais, illustrant les luttes pour le pouvoir et la légitimité dans le pays.

L'Impact sur le Système Politique

L'héritage politique de Sonko a également eu un impact significatif sur le système politique sénégalais dans son ensemble. Sa capacité à mobiliser les électeurs et à attirer l'attention sur des questions cruciales telles que la corruption et les inégalités a contraint les autres acteurs politiques à prendre position sur ces questions. De plus, son ascension a ouvert la voie à une plus grande diversité d'opinions et de perspectives au sein du paysage politique, renforçant ainsi la démocratie et la participation citoyenne.

La Pérennité de l'Héritage

Alors que Sonko continue de jouer un rôle majeur sur la scène politique sénégalaise, l'avenir de son héritage politique reste incertain. Les défis tels que la consolidation de son mouvement politique, la gestion des attaques de ses adversaires et la réponse aux attentes de ses partisans continueront de façonner son influence et sa pertinence dans le paysage politique du Sénégal. Cependant, quel que soit l'avenir politique de Sonko, son héritage en tant que figure majeure de la politique sénégalaise restera indélébile.

En somme, l'héritage politique d'Ousmane Sonko est le reflet d'une figure politique dynamique et controversée qui a profondément marqué le paysage politique du Sénégal. Sa lutte contre la corruption, sa représentation des marginalisés et sa capacité à mobiliser les masses ont contribué à redéfinir les normes politiques et sociales dans le pays. Alors que le Sénégal continue d'évoluer sur la voie de la démocratie et du progrès, l'héritage de Sonko restera une force motrice importante dans la quête d'un avenir meilleur pour le pays et ses citoyens.

Les Défis de la Continuité

Cependant, la continuité de l'héritage politique de Sonko est confrontée à plusieurs défis majeurs. Tout d'abord, la nécessité de maintenir la cohésion au sein de son mouvement politique représente un défi crucial. Les divergences d'opinions, les rivalités internes et les pressions externes peuvent menacer la stabilité et l'efficacité de son mouvement. De plus, la capacité de Sonko à transformer ses idéaux en politiques concrètes et à les mettre en œuvre de manière efficace une fois au pouvoir sera un test décisif pour la pérennité de son héritage.

L'Adaptation aux Changements Politiques

Par ailleurs, l'adaptation aux changements politiques et sociaux est essentielle pour maintenir la pertinence de l'héritage politique de Sonko. Les dynamiques politiques évoluent rapidement, et Sonko devra être capable de s'adapter à ces changements tout en restant fidèle à ses principes fondamentaux. Cela nécessitera une capacité d'anticipation, de flexibilité et de réactivité face aux défis émergents et aux nouvelles opportunités qui se présentent.

La Construction d'un Héritage Durable

Enfin, la construction d'un héritage politique durable dépasse largement la personne d'Ousmane Sonko. Il s'agit de créer des institutions solides, des structures politiques pérennes et une culture civique engagée qui survivront au-delà de la carrière politique individuelle de Sonko. Cela implique d'investir dans l'éducation politique, de promouvoir la participation citoyenne et de renforcer les mécanismes de responsabilité et de transparence au sein du gouvernement.

Malgré ces défis, l'héritage politique de Sonko demeure un élément crucial du paysage politique sénégalais. Son engagement en faveur de la lutte contre la corruption, de la justice sociale et de la démocratie continue d'inspirer de nombreux citoyens sénégalais à travers le pays. Alors que Sonko et son mouvement politique naviguent à travers les défis et les opportunités qui se présentent, l'impact durable de son héritage politique sur la société sénégalaise demeure indéniable.

La Transmission aux Générations Futures

Un aspect essentiel de la pérennisation de l'héritage politique de Sonko réside dans sa capacité à le transmettre aux générations futures. Cela implique non seulement de susciter l'engagement politique chez les jeunes, mais aussi de leur transmettre les valeurs, les idéaux et les compétences nécessaires pour continuer à défendre les causes pour lesquelles Sonko s'est battu. Les programmes éducatifs, les initiatives communautaires et les plateformes de sensibilisation peuvent jouer un rôle crucial dans cette transmission intergénérationnelle.

La Consolidation des Acquis

En parallèle, la consolidation des acquis réalisés grâce à l'héritage politique de Sonko est indispensable pour assurer sa durabilité à long terme. Cela passe par la préservation des avancées réalisées en matière de lutte contre la corruption, de promotion de la justice sociale et de renforcement de la démocratie. Les réformes institutionnelles, les politiques publiques efficaces et la participation citoyenne continue sont autant de moyens de consolider les progrès réalisés et de les inscrire dans la durée.

La Responsabilité Collective

Enfin, la pérennisation de l'héritage politique de Sonko nécessite un engagement collectif de la part de la société sénégalaise dans son ensemble. Il est essentiel que les citoyens continuent à exercer leur vigilance, à demander des comptes à leurs dirigeants et à défendre les valeurs de transparence, d'intégrité et de justice. En fin de compte, c'est la responsabilité collective de tous les acteurs de la société qui garantira la préservation et le développement de l'héritage politique de Sonko pour les générations à venir.

L'héritage politique d'Ousmane Sonko est un héritage vivant, en constante évolution et en perpétuelle transformation. Sa durabilité dépendra de la capacité des générations présentes et futures à le préserver, à le consolider et à le transmettre aux générations suivantes. En tant que figure emblématique de la lutte pour la justice sociale et la démocratie au Sénégal, Sonko laisse un héritage précieux qui continuera de façonner le destin politique du pays pour les années à venir.

La Continuité du Combat

Pour assurer la pérennité de son héritage politique, il est essentiel que le combat de Sonko contre la corruption et les injustices perdure au-delà de sa propre carrière politique. Cela nécessite un engagement constant de la part de ses partisans, de la société civile et de la classe politique dans son ensemble. La vigilance contre les abus de pouvoir, la défense des droits des citoyens et la promotion de la transparence doivent rester des priorités continues pour préserver l'héritage politique de Sonko.

Le Renforcement des Institutions

Parallèlement, le renforcement des institutions démocratiques et des mécanismes de gouvernance est crucial pour consolider l'héritage politique de Sonko. Des réformes institutionnelles visant à accroître la responsabilité, à renforcer l'indépendance du système judiciaire et à promouvoir la participation citoyenne contribueront à pérenniser les idéaux pour lesquels Sonko s'est battu. Ces efforts visent à créer un cadre institutionnel solide qui survivra aux changements de leadership politique et assurera la continuité des progrès réalisés.

La Transmission des Valeurs

Enfin, la transmission des valeurs fondamentales défendues par Sonko est essentielle pour maintenir vivant son héritage politique. Cela implique d'inculquer aux jeunes générations les principes d'intégrité, de justice sociale et de responsabilité qui ont guidé l'action de Sonko. Des programmes éducatifs, des initiatives communautaires et des campagnes de sensibilisation peuvent jouer un rôle crucial dans cette transmission intergénérationnelle, assurant ainsi la perpétuation des idéaux de Sonko dans la société sénégalaise.

L'héritage politique d'Ousmane Sonko est une source d'inspiration et de débat pour le peuple sénégalais. Pour assurer sa pérennité, il est impératif que ses partisans et la société dans son ensemble continuent de défendre ses idéaux, de renforcer les institutions démocratiques et de transmettre ses valeurs aux générations futures. En perpétuant le combat pour la justice sociale, la transparence et la démocratie, l'héritage politique de Sonko continuera de façonner le paysage politique du Sénégal pour les années à venir.

La Collaboration et l'Inclusion

Un autre aspect crucial pour la pérennisation de l'héritage politique de Sonko est la promotion de la collaboration et de l'inclusion au sein de la société sénégalaise. Sonko a souvent prôné l'importance de l'unité nationale et de la solidarité entre les différentes communautés et groupes socio-économiques du pays. En favorisant le dialogue et en travaillant ensemble pour surmonter les défis communs, les citoyens sénégalais peuvent renforcer les fondements de l'héritage politique de Sonko et garantir sa continuité à long terme.

La Résistance aux Pressions Externes

Face aux pressions externes et aux tentatives d'ingérence dans les affaires politiques du Sénégal, il est essentiel que les partisans de Sonko et les défenseurs de son héritage politique restent fermes dans leurs convictions et résistent à toute forme de manipulation ou de corruption. La souveraineté nationale et l'indépendance politique sont des piliers essentiels de l'héritage de Sonko, et leur préservation nécessite une vigilance constante et un engagement ferme de la part de tous les acteurs de la société.

La Promotion de la Justice Sociale

Enfin, la promotion de la justice sociale et de l'égalité des chances reste un objectif central de l'héritage politique de Sonko. En luttant contre les inégalités économiques, en défendant les droits des travailleurs et en plaidant en faveur de politiques inclusives, les partisans de Sonko peuvent continuer à promouvoir les valeurs de solidarité et de justice qui ont caractérisé son action politique. En fin de compte, c'est en construisant une société plus juste et équitable que l'héritage politique de Sonko trouvera sa véritable pérennité.

L'héritage politique d'Ousmane Sonko est un héritage de lutte, de résilience et d'espoir pour un Sénégal meilleur. Sa continuité dépend de l'engagement constant des citoyens sénégalais à défendre ses idéaux, à renforcer les institutions démocratiques et à promouvoir la justice sociale. En travaillant ensemble pour surmonter les défis et en restant fidèles aux valeurs fondamentales de l'intégrité et de la solidarité, les partisans de Sonko peuvent assurer la perpétuation de son héritage politique pour les générations à venir.

La Responsabilité Politique et Éthique

Un aspect crucial pour la pérennisation de l'héritage politique de Sonko est la promotion d'une culture politique fondée sur la responsabilité et l'éthique. Sonko lui-même a été un ardent défenseur de la transparence et de l'intégrité dans la gestion des affaires publiques. Ainsi, pour maintenir son héritage, il est essentiel que les dirigeants politiques et les fonctionnaires continuent à rendre des comptes à la population et à agir de manière éthique dans l'exercice de leurs fonctions.

La Résilience Face aux Défis

Dans un paysage politique souvent tumultueux, la résilience est une qualité nécessaire pour préserver l'héritage politique de Sonko. Les partisans de Sonko doivent être prêts à faire face aux défis et aux revers avec détermination et persévérance. Que ce soit face à des campagnes de diffamation, à des obstacles juridiques ou à des pressions politiques, la résilience de ses partisans contribuera à maintenir vivante la flamme de son héritage politique.

La Promotion de la Démocratie Participative

Enfin, la promotion de la démocratie participative est un élément clé pour la pérennisation de l'héritage politique de Sonko. Encourager la participation citoyenne à tous les niveaux de gouvernance, du local au national, renforce les fondements démocratiques du pays et assure une représentation plus juste des intérêts de la population. En favorisant le dialogue et en encourageant l'engagement civique, les partisans de Sonko peuvent garantir que son héritage politique reste ancré dans les principes démocratiques et les aspirations populaires.

L'héritage politique d'Ousmane Sonko est un héritage de lutte, de principes et de valeurs qui continueront à façonner le paysage politique du Sénégal dans les années à venir. Pour assurer sa pérennité, il est essentiel que les partisans de Sonko restent fidèles à ses idéaux, promeuvent une culture politique basée sur la responsabilité et l'éthique, et encouragent la participation citoyenne à tous les niveaux de gouvernance. En travaillant ensemble pour défendre la démocratie, la justice sociale et la transparence, les partisans de Sonko peuvent honorer son héritage et contribuer à bâtir un Sénégal plus juste et plus prospère pour tous.

La Vision d'un Avenir Meilleur

En fin de compte, l'héritage politique de Sonko repose sur sa vision d'un avenir meilleur pour le Sénégal. Cette vision est celle d'une société juste, équitable et prospère, où chaque citoyen a l'opportunité de réaliser son plein potentiel. Pour pérenniser cet héritage, il est crucial que les partisans de Sonko et les citoyens sénégalais continuent à œuvrer ensemble pour concrétiser cette vision. Cela implique de travailler à surmonter les divisions et les différences, de promouvoir l'inclusion et la solidarité, et de faire preuve de détermination et de persévérance dans la poursuite du bien commun.

En conclusion, l'héritage politique d'Ousmane Sonko est un appel à l'action pour un Sénégal meilleur. Sa lutte contre la corruption, son plaidoyer en faveur de la justice sociale et son engagement envers la démocratie participative continueront à inspirer les générations futures de citoyens sénégalais. En maintenant vivantes ses valeurs et ses idéaux, en défendant ses principes avec détermination et en travaillant ensemble pour bâtir un avenir plus prometteur, les partisans de Sonko peuvent assurer que son héritage politique reste un phare de l'espoir pour le Sénégal et pour l'Afrique dans son ensemble.

La Responsabilité face aux Enjeux Mondiaux

Dans un contexte mondial marqué par des défis tels que le changement climatique, la pandémie de COVID-19 et les inégalités croissantes, la pérennisation de l'héritage politique de Sonko nécessite également une prise de responsabilité face à ces enjeux. Sonko lui-même a souvent plaidé en faveur d'une approche responsable et durable pour faire face à ces défis mondiaux. Ainsi, les partisans de Sonko doivent continuer à promouvoir des politiques environnementales durables, à soutenir les efforts de santé publique et à lutter contre les injustices économiques à l'échelle mondiale.

La Solidarité avec les Peuples Opprimés

En outre, la solidarité avec les peuples opprimés et marginalisés à travers le monde est un élément essentiel de l'héritage politique de Sonko. Son engagement en faveur des droits de l'homme, de la justice sociale et de la dignité humaine dépasse les frontières nationales et résonne avec les luttes pour la liberté et la justice à travers le monde. Les partisans de Sonko doivent continuer à soutenir ces causes et à faire entendre leur voix en solidarité avec tous ceux qui luttent pour leurs droits fondamentaux.

La Promotion de la Paix et de la Coopération Internationale

Enfin, la promotion de la paix et de la coopération internationale est un aspect crucial de l'héritage politique de Sonko. Dans un monde marqué par les conflits et les tensions, Sonko a plaidé en faveur du dialogue, de la diplomatie et de la résolution pacifique des différends. Les partisans de Sonko doivent continuer à œuvrer pour renforcer les liens de solidarité et de coopération entre les nations, et à promouvoir des solutions pacifiques aux conflits qui déchirent le monde.

En définitive, l'héritage politique d'Ousmane Sonko est un appel à l'action pour un engagement responsable et solidaire face aux défis mondiaux. En poursuivant son combat pour la justice, la dignité humaine et la paix, les partisans de Sonko peuvent contribuer à façonner un monde plus juste et plus équitable pour les générations à venir. En gardant vivante sa vision d'un avenir meilleur, ils honorent son héritage et perpétuent son impact sur le Sénégal et sur le monde.

La Mobilisation des Ressources pour le Développement

Dans le prolongement de son héritage politique, il est crucial de mobiliser les ressources nécessaires au développement économique et social du Sénégal. Sonko a souvent souligné l'importance de la gestion transparente des ressources publiques et de leur allocation efficace pour répondre aux besoins de la population. Ainsi, les partisans de Sonko doivent continuer à promouvoir des politiques économiques inclusives qui favorisent la croissance durable, la création d'emplois et la réduction des inégalités.

La Protection des Droits Fondamentaux

Parallèlement, la protection des droits fondamentaux des citoyens reste une priorité essentielle de l'héritage politique de Sonko. Son engagement en faveur de la liberté d'expression, de la liberté de la presse et des droits des travailleurs a contribué à renforcer les fondements démocratiques du Sénégal. Les partisans de Sonko doivent continuer à défendre ces droits contre toute forme de violation et à promouvoir une culture de respect des droits humains dans toutes les sphères de la société.

La Promotion de l'Éducation et de la Santé

Enfin, la promotion de l'éducation et de la santé reste un pilier essentiel de l'héritage politique de Sonko. Sonko a souvent plaidé en faveur d'investissements massifs dans ces secteurs clés pour garantir un avenir meilleur pour les générations futures. Les partisans de Sonko doivent continuer à exiger un accès universel à une éducation de qualité et à des services de santé abordables pour tous les citoyens sénégalais, contribuant ainsi à construire une société plus éclairée, plus saine et plus prospère.

L'héritage politique d'Ousmane Sonko est un appel à l'action pour la transformation socio-économique et politique du Sénégal. En continuant à défendre les principes d'intégrité, de justice sociale et de démocratie, les partisans de Sonko peuvent contribuer à bâtir un Sénégal plus fort, plus équitable et plus résilient. En gardant vivante sa vision d'un avenir meilleur, ils honorent son héritage et assurent la continuation de son impact sur le pays et sur le monde.

La Collaboration avec la Communauté Internationale

Dans un monde de plus en plus interconnecté, la collaboration avec la communauté internationale est un aspect important de la pérennisation de l'héritage politique de Sonko. Sonko lui-même a plaidé en faveur d'une coopération internationale basée sur le respect mutuel, la solidarité et la recherche de solutions communes aux défis mondiaux. Les partisans de Sonko doivent continuer à promouvoir cette vision et à travailler en partenariat avec d'autres nations et organisations internationales pour relever les défis mondiaux tels que le changement climatique, la pauvreté et les conflits.

La Promotion de la Culture et de l'Identité Sénégalaises

En outre, la promotion de la culture et de l'identité sénégalaises est un élément clé de l'héritage politique de Sonko. Sonko a souvent souligné l'importance de préserver les richesses culturelles et historiques du Sénégal et de promouvoir une fierté nationale fondée sur ces valeurs. Les partisans de Sonko doivent continuer à célébrer la diversité culturelle du Sénégal, à soutenir les artistes et les artisans locaux, et à promouvoir une image positive du pays sur la scène internationale.

La Vision d'un Sénégal Inclusif et Prospère

Enfin, la pérennisation de l'héritage politique de Sonko repose sur sa vision d'un Sénégal inclusif et prospère, où chaque citoyen a la possibilité de réaliser son plein potentiel. Les partisans de Sonko doivent continuer à travailler pour construire une société où les droits de tous sont respectés, où les opportunités sont équitables et où la justice sociale est garantie pour tous. En poursuivant cet objectif, ils perpétuent l'héritage politique de Sonko et contribuent à bâtir un avenir meilleur pour le Sénégal et pour l'Afrique dans son ensemble.

En fin de compte, l'héritage politique d'Ousmane Sonko est un appel à l'action pour un engagement responsable et solidaire tant au niveau national qu'international. En poursuivant son combat pour la justice, la dignité humaine et le développement durable, les partisans de Sonko peuvent contribuer à façonner un monde plus juste, plus équitable et plus pacifique pour les générations à venir. En gardant vivante sa vision d'un avenir meilleur, ils honorent son héritage et assurent la continuation de son impact sur le Sénégal et sur le monde.

La Promotion de la Paix et de la Stabilité

Dans la consolidation de l'héritage politique de Sonko, la promotion de la paix et de la stabilité est un aspect essentiel. Sonko a toujours plaidé en faveur du règlement pacifique des conflits et de la préservation de la cohésion sociale au Sénégal. Les partisans de Sonko doivent continuer à œuvrer pour promouvoir le dialogue, la tolérance et la réconciliation afin de prévenir les tensions sociales et de maintenir la paix dans le pays.

En tant que Premier ministre du Sénégal, Ousmane SONKO s'engage à promouvoir la paix et la stabilité comme piliers essentiels du développement et de la prospérité nationale. Sa vision repose sur une gouvernance transparente, inclusive et orientée vers le bien-être de tous les citoyens sénégalais.

1. L'Engagement pour la Paix

Ousmane SONKO place la paix au cœur de son action politique. Conscient que la paix n'est pas seulement l'absence de conflit, mais un état de bien-être et de justice pour tous, il promeut des initiatives visant à renforcer la cohésion sociale. Son gouvernement met en œuvre des programmes éducatifs qui valorisent la tolérance, le respect mutuel et la solidarité dès le plus jeune âge, afin de créer une culture de paix durable.

2. Assurer la Stabilité Politique et Économique

La stabilité politique et économique est essentielle pour le développement du Sénégal. Ousmane SONKO s'engage à renforcer les institutions démocratiques du pays, à promouvoir la transparence et à lutter contre la corruption. Son approche se base sur la participation citoyenne et le renforcement des structures démocratiques pour garantir un environnement politique stable. Parallèlement, son gouvernement œuvre pour une économie stable et inclusive, qui réduit les inégalités et crée des opportunités pour tous.

3. Le Rôle des Institutions et de la Société Civile

Sous la direction d'Ousmane SONKO, le gouvernement sénégalais collabore étroitement avec la société civile, les organisations non gouvernementales, et les leaders communautaires et religieux pour promouvoir la paix et la stabilité. Le dialogue intercommunautaire et interreligieux est encouragé pour prévenir les conflits et renforcer la coexistence pacifique. Ces efforts concertés visent à mobiliser toutes les forces vives de la nation pour un avenir harmonieux.

4. La Justice Sociale et Économique

Ousmane SONKO reconnaît que la justice sociale et économique est cruciale pour une paix durable. Son gouvernement s'efforce de réduire la pauvreté, de garantir un accès équitable à l'éducation et à la santé, et de créer des emplois décents. Une société plus juste et équitable est moins susceptible de connaître des troubles et des conflits, et cela est au cœur de sa politique de développement.

5. L'Éducation pour la Paix

L'éducation pour la paix est une priorité pour Ousmane SONKO. Il intègre cette perspective à tous les niveaux du système éducatif, en mettant l'accent sur le développement des compétences en résolution de conflits, en médiation et en négociation. Il croit fermement que les jeunes doivent être formés pour devenir des ambassadeurs de la paix dans leurs communautés, ce qui est essentiel pour l'avenir du Sénégal.

6. Le Renforcement de l'État de Droit

Ousmane SONKO accorde une importance capitale au renforcement de l'État de droit. Un système judiciaire indépendant et efficace est essentiel pour garantir la justice et les droits de tous les citoyens. Son gouvernement s'engage à réformer le système judiciaire pour le rendre plus accessible, plus transparent et plus équitable. La lutte contre l'impunité et la protection des droits de l'homme sont au cœur de cette réforme, afin de restaurer la confiance des citoyens dans les institutions judiciaires.

7. La Réconciliation Nationale

Le processus de réconciliation nationale est une priorité pour le Premier ministre SONKO. Il comprend l'importance de traiter les blessures du passé et de promouvoir le pardon et la réconciliation entre les différentes communautés. Son gouvernement initie des dialogues nationaux inclusifs pour aborder les conflits historiques et actuels, et cherche des solutions durables qui favorisent l'unité nationale. Ces initiatives visent à construire une nation plus forte et plus unie.

8. La Sécurité et la Protection des Citoyens

La sécurité des citoyens est une préoccupation majeure pour Ousmane SONKO. Son gouvernement met en place des politiques de sécurité qui respectent les droits de l'homme tout en assurant la protection des personnes et des biens. La modernisation des forces de sécurité, la formation continue des agents et la collaboration avec les communautés locales sont des éléments clés de cette stratégie. La prévention de la violence et la lutte contre le terrorisme sont également des priorités pour garantir un environnement sûr et stable.

9. La Promotion du Dialogue et de la Diplomatie

Sur le plan international, Ousmane SONKO privilégie la diplomatie et le dialogue pour renforcer la position du Sénégal dans le monde. Il s'efforce de maintenir des relations pacifiques et coopératives avec les pays voisins et les partenaires internationaux. La participation active du Sénégal aux forums internationaux sur la paix et la sécurité reflète cet engagement. En favorisant la coopération régionale et internationale, SONKO vise à consolider la paix et la stabilité non seulement au Sénégal, mais aussi dans toute la région de l'Afrique de l'Ouest.

10. L'Innovation pour la Paix

Ousmane SONKO croit en l'innovation comme vecteur de paix et de développement. Son gouvernement encourage l'utilisation des nouvelles technologies pour améliorer la gouvernance, promouvoir la transparence et faciliter l'accès à l'information. Les innovations dans les domaines de l'agriculture, de la santé et de l'éducation sont également soutenues pour améliorer la qualité de vie des citoyens et réduire les tensions sociales. L'innovation est vue comme un outil pour répondre aux défis actuels et futurs, en favorisant une société plus résiliente et adaptable.

Le leadership de Ousmane SONKO en tant que Premier ministre du Sénégal est marqué par un engagement ferme en faveur de la paix et de la stabilité. À travers des réformes structurelles, des initiatives inclusives et une gouvernance transparente, SONKO travaille à créer un environnement où chaque citoyen peut s'épanouir. Son approche holistique, qui inclut la justice sociale, l'éducation, la sécurité et l'innovation, vise à bâtir un Sénégal uni, prospère et pacifique. Le chemin vers la paix et la stabilité est un effort collectif, et sous la direction de SONKO, le Sénégal est bien positionné pour relever les défis et saisir les opportunités de l'avenir.

11. Le Développement Économique Inclusif

Ousmane SONKO est convaincu que le développement économique inclusif est crucial pour maintenir la paix et la stabilité. Son gouvernement met en place des politiques économiques visant à réduire les inégalités et à favoriser la croissance durable. Cela inclut le soutien aux petites et moyennes entreprises, l'amélioration des infrastructures, et la promotion de l'innovation et de l'entrepreneuriat. En s'assurant que les bénéfices du développement économique sont partagés de manière équitable, SONKO aspire à créer une société où chacun a la possibilité de prospérer.

12. La Protection de l'Environnement

La protection de l'environnement est un autre pilier central de la politique de SONKO pour assurer la paix et la stabilité. Il reconnaît que les enjeux environnementaux, tels que le changement climatique et la dégradation des terres, peuvent être sources de conflits. Son gouvernement met en œuvre des stratégies pour promouvoir le développement durable, la conservation des ressources naturelles, et l'adaptation aux changements climatiques. En intégrant les considérations environnementales dans toutes les politiques publiques, SONKO vise à protéger les écosystèmes et à garantir un avenir viable pour les générations futures.

13. La Santé et le Bien-être des Citoyens

Ousmane SONKO attache une grande importance à la santé et au bien-être des citoyens. Son gouvernement investit dans l'amélioration des services de santé, l'accès aux soins pour tous, et la prévention des maladies. La promotion de la santé mentale et la lutte contre les pandémies font également partie intégrante de cette stratégie. En garantissant des services de santé de qualité, SONKO souhaite non seulement améliorer la qualité de vie des Sénégalais, mais aussi renforcer la résilience de la société face aux crises sanitaires.

14. L'Autonomisation des Femmes et des Jeunes

SONKO est un fervent défenseur de l'autonomisation des femmes et des jeunes, reconnaissant leur rôle crucial dans le développement et la stabilité du pays. Son gouvernement met en place des programmes pour encourager la participation des femmes et des jeunes dans tous les secteurs de la société, notamment à travers l'éducation, l'entrepreneuriat, et la représentation politique. En donnant à ces groupes les outils nécessaires pour réussir, SONKO vise à construire une société plus inclusive et dynamique.

15. La Coopération Internationale et Régionale

Ousmane SONKO valorise la coopération internationale et régionale comme un moyen de renforcer la paix et la stabilité. Le Sénégal, sous sa direction, continue de jouer un rôle actif au sein de l'Union Africaine, de la CEDEAO et d'autres organismes internationaux. En promouvant des partenariats solides et en participant activement aux initiatives de maintien de la paix, SONKO démontre l'engagement du Sénégal à contribuer à un environnement global pacifique et stable. Cette coopération internationale permet également de partager les meilleures pratiques et d'attirer des ressources pour soutenir les initiatives nationales.

L'approche d'Ousmane SONKO en matière de promotion de la paix et de la stabilité est holistique et multidimensionnelle. En mettant l'accent sur le développement inclusif, la justice sociale, la protection de l'environnement, la santé, l'autonomisation et la coopération internationale, SONKO œuvre pour créer un Sénégal résilient, prospère et en paix. Son leadership visionnaire inspire confiance et mobilisation, incitant chaque citoyen à participer activement à la construction d'une nation où règnent la paix et la stabilité. C'est par cet engagement collectif que le Sénégal pourra réaliser son plein potentiel et offrir un avenir prometteur à toutes ses populations.

La Promotion de la Paix et de la Stabilité par Ousmane SONKO, Premier ministre du Sénégal (suite)

16. La Modernisation de l'Agriculture

Ousmane SONKO reconnaît l'importance de l'agriculture pour l'économie sénégalaise et pour la stabilité du pays. La modernisation de l'agriculture est un axe central de sa politique, visant à améliorer la productivité, à assurer la sécurité alimentaire et à offrir des opportunités économiques aux populations rurales. Son gouvernement met en œuvre des programmes pour fournir aux agriculteurs des formations, des technologies modernes et un accès au financement. En revitalisant le secteur agricole, SONKO entend réduire la pauvreté rurale et prévenir les migrations internes qui peuvent créer des tensions sociales.

17. Le Renforcement de l'Infrastructure

Le développement des infrastructures est essentiel pour soutenir la croissance économique et améliorer la qualité de vie des citoyens. Sous la direction de SONKO, le gouvernement sénégalais investit massivement dans la construction et la modernisation des routes, des ponts, des ports et des aéroports. Des efforts sont également déployés pour améliorer l'accès à l'eau potable, à l'électricité et aux services de communication. Ces investissements infrastructurels visent à connecter les régions, à faciliter les échanges commerciaux et à intégrer les communautés isolées dans le tissu économique national.

18. La Promotion de la Culture et de l'Identité Nationale

La promotion de la culture et de l'identité nationale est un autre aspect fondamental de la politique de SONKO pour la paix et la stabilité. Son gouvernement soutient les arts, la musique, le cinéma et les traditions culturelles sénégalaises, reconnaissant leur rôle dans le renforcement de l'unité nationale et de la fierté collective. En célébrant la diversité culturelle et en promouvant une identité nationale inclusive, SONKO vise à créer une société où chacun se sent valorisé et respecté, réduisant ainsi les risques de conflits ethniques et régionaux.

19. La Transparence et la Lutte contre la Corruption

La transparence et la lutte contre la corruption sont des priorités absolues pour Ousmane SONKO. Il considère que la corruption mine la confiance des citoyens dans les institutions et entrave le développement économique et social. Son gouvernement adopte des mesures rigoureuses pour prévenir et combattre la corruption à tous les niveaux de l'administration publique. Des mécanismes de transparence et de reddition de comptes sont mis en place pour assurer une gestion efficace et honnête des ressources publiques. En rétablissant la confiance dans les institutions, SONKO aspire à renforcer la stabilité politique et sociale.

20. Le Soutien aux Initiatives Locales

Ousmane SONKO comprend que le développement durable doit être ancré dans les communautés locales. Son gouvernement soutient les initiatives locales et encourage la décentralisation pour permettre aux communautés de participer activement à leur propre développement. Des ressources sont allouées aux gouvernements locaux pour qu'ils puissent répondre aux besoins spécifiques de leurs populations. En renforçant les capacités locales et en promouvant une gouvernance participative, SONKO vise à créer un environnement où les citoyens se sentent impliqués et responsables, favorisant ainsi la paix et la cohésion sociale.

Le leadership de Ousmane SONKO en tant que Premier ministre du Sénégal est caractérisé par une vision claire et un engagement déterminé envers la paix et la stabilité. À travers des politiques intégrées et inclusives, SONKO s'efforce de créer un Sénégal où chaque citoyen peut vivre en sécurité, avec des opportunités pour s'épanouir. En modernisant l'agriculture, en renforçant les infrastructures, en promouvant la culture, en combattant la corruption et en soutenant les initiatives locales, SONKO met en place les fondations d'un avenir prospère et harmonieux. Sa gouvernance est un appel à l'action collective, visant à bâtir un Sénégal résilient et uni, prêt à relever les défis du présent et de l'avenir avec confiance et solidarité.

21. L'Inclusion des Populations Vulnérables

Ousmane SONKO place une importance particulière sur l'inclusion des populations vulnérables, telles que les personnes handicapées, les personnes âgées et les minorités marginalisées. Son gouvernement met en place des politiques spécifiques pour garantir que ces groupes aient accès aux services essentiels, tels que l'éducation, la santé et l'emploi. Des programmes de protection sociale sont également renforcés pour offrir un filet de sécurité aux plus démunis. En veillant à ce que personne ne soit laissé pour compte, SONKO promeut une société plus juste et équitable.

22. La Promotion de la Bonne Gouvernance

La promotion de la bonne gouvernance est au cœur des réformes entreprises par Ousmane SONKO. Cela inclut l'amélioration de la transparence, l'efficacité administrative et la responsabilité des fonctionnaires. Des initiatives telles que la digitalisation des services publics sont mises en œuvre pour réduire la bureaucratie et faciliter l'accès des citoyens aux services gouvernementaux. En promouvant la bonne gouvernance, SONKO cherche à renforcer la confiance des citoyens dans l'État et à créer un environnement propice à la stabilité et au développement.

23. La Réforme Éducative

La réforme éducative est une priorité pour Ousmane SONKO, qui considère l'éducation comme un levier crucial pour la paix et la stabilité. Son gouvernement investit dans l'amélioration des infrastructures scolaires, la formation des enseignants et l'adaptation des programmes éducatifs aux besoins du marché du travail. L'accent est mis sur l'enseignement des compétences civiques et la promotion des valeurs de tolérance et de diversité. En offrant une éducation de qualité à tous les enfants sénégalais, SONKO vise à former des citoyens responsables et engagés.

24. Le Développement Urbain Durable

Avec l'urbanisation croissante, Ousmane SONKO s'engage à promouvoir un développement urbain durable. Cela inclut la planification urbaine intégrée, la construction de logements abordables et la création d'espaces verts. Les politiques visent à améliorer les conditions de vie dans les villes tout en réduisant l'empreinte écologique. En abordant les défis urbains de manière proactive, SONKO cherche à prévenir les tensions sociales liées à la surpopulation et à l'inégalité d'accès aux services urbains.

25. La Promotion du Sport et de la Jeunesse

SONKO voit dans le sport un puissant vecteur de cohésion sociale et de promotion de la paix. Son gouvernement soutient le développement des infrastructures sportives et encourage la participation des jeunes aux activités sportives. Des programmes sont mis en place pour identifier et promouvoir les talents sportifs, tout en inculquant des valeurs de fair-play et de respect. Le sport est utilisé comme un outil pour renforcer l'unité nationale et offrir des opportunités positives aux jeunes.

26. La Diplomatie Préventive

La diplomatie préventive est une stratégie clé dans la politique extérieure de SONKO. En tant que Premier ministre, il s'efforce de maintenir des relations pacifiques avec les pays voisins et de jouer un rôle actif dans la médiation des conflits régionaux. Par le biais de la diplomatie préventive, SONKO vise à anticiper et à désamorcer les tensions avant qu'elles ne dégénèrent en conflits ouverts. Cette approche proactive contribue à la stabilité non seulement du Sénégal, mais aussi de toute la région de l'Afrique de l'Ouest.

27. L'Engagement pour les Droits de l'Homme

Le respect des droits de l'homme est une pierre angulaire de la gouvernance de SONKO. Son gouvernement travaille à garantir que tous les citoyens, indépendamment de leur origine, de leur genre ou de leur religion, jouissent de leurs droits fondamentaux. Des efforts sont déployés pour renforcer les institutions de protection des droits de l'homme et assurer une application rigoureuse des lois relatives aux droits civils. En promouvant les droits de l'homme, SONKO vise à construire une société où chacun se sent respecté et protégé.

Ousmane SONKO, en tant que Premier ministre du Sénégal, s'engage résolument à promouvoir la paix et la stabilité à travers une série de réformes et d'initiatives stratégiques. En plaçant l'inclusion, la bonne gouvernance, l'éducation, le développement durable, le sport, la diplomatie préventive et les droits de l'homme au cœur de son action, il aspire à bâtir un Sénégal uni, prospère et pacifique. SONKO appelle chaque citoyen à participer activement à ce grand projet de nation, convaincu que c'est par l'effort collectif et la solidarité que le Sénégal pourra réaliser son plein potentiel et garantir un avenir brillant pour toutes ses populations.

28. La Gestion Durable des Ressources Naturelles

Ousmane SONKO accorde une attention particulière à la gestion durable des ressources naturelles du Sénégal. Son gouvernement met en place des politiques pour préserver les écosystèmes fragiles, gérer de manière responsable les ressources en eau et promouvoir une exploitation minière durable. En intégrant les considérations environnementales dans les décisions économiques et en consultant les communautés locales, SONKO cherche à éviter les conflits liés à l'exploitation des ressources naturelles et à promouvoir un développement respectueux de l'environnement.

29. La Promotion de la Justice Sociale

La justice sociale est un principe fondamental pour Ousmane SONKO. Son gouvernement s'engage à réduire les inégalités socio-économiques à travers des politiques qui favorisent l'accès équitable à l'éducation, à la santé, à l'emploi et aux opportunités économiques. Des mesures spécifiques sont prises pour soutenir les groupes marginalisés et promouvoir l'inclusion sociale. En assurant une distribution plus équitable des richesses et des chances, SONKO aspire à renforcer la cohésion sociale et à prévenir les tensions sociales.

30. La Réhabilitation des Zones Post-Conflit

Ousmane SONKO reconnaît l'importance de la réhabilitation des zones affectées par les conflits passés. Son gouvernement met en œuvre des programmes de reconstruction et de développement pour aider les communautés à se remettre des traumatismes de la guerre et à reconstruire leurs vies. Des efforts sont déployés pour promouvoir la réconciliation et restaurer la confiance entre les groupes ethniques et communautaires. En investissant dans la reconstruction physique et psychologique, SONKO vise à transformer les anciennes zones de conflit en espaces de paix et de prospérité.

31. L'Innovation Technologique et Numérique

Pour Ousmane SONKO, l'innovation technologique et numérique est essentielle pour stimuler le développement économique et social du Sénégal. Son gouvernement soutient l'émergence de start-ups technologiques, l'amélioration de l'infrastructure numérique et l'adoption des technologies de l'information et de la communication. Ces initiatives visent à accroître l'efficacité des services publics, à promouvoir l'entrepreneuriat numérique et à créer des emplois dans le secteur technologique. En investissant dans l'innovation, SONKO espère positionner le Sénégal comme un leader régional en matière de technologie et de développement durable.

32. La Coopération Culturelle et Éducative Internationale

SONKO favorise la coopération culturelle et éducative internationale comme un moyen de renforcer les liens entre les nations et de promouvoir la compréhension mutuelle. Son gouvernement encourage les échanges d'étudiants, les collaborations artistiques et les partenariats académiques avec d'autres pays. En partageant les expériences culturelles et éducatives, SONKO croit que le Sénégal peut enrichir son patrimoine culturel et renforcer sa position sur la scène mondiale. Cette coopération contribue également à promouvoir des valeurs de paix, de tolérance et de diversité à l'échelle internationale.

À travers une approche visionnaire et intégrée, Ousmane SONKO s'engage fermement à promouvoir la paix et la stabilité au Sénégal et au-delà. En abordant des domaines tels que la gestion des ressources naturelles, la justice sociale, la réhabilitation post-conflit, l'innovation technologique, et la coopération internationale, SONKO pose les fondations d'un avenir durable et harmonieux pour tous les Sénégalais. Son leadership inspirant et inclusif appelle à une mobilisation collective pour surmonter les défis actuels et construire un avenir où la paix, la prospérité et le bien-être sont accessibles à tous.

33. La Prévention des Conflits Communautaires

Ousmane SONKO met un accent particulier sur la prévention des conflits communautaires à travers des initiatives de dialogue et de médiation. Son gouvernement encourage le dialogue intercommunautaire et la résolution pacifique des différends pour prévenir les tensions sociales et ethniques. Des mécanismes de médiation sont renforcés au niveau local pour résoudre les conflits de manière efficace et durable. En promouvant la compréhension mutuelle et la coopération entre les communautés, SONKO aspire à construire une société où les différences sont respectées et célébrées.

34. La Protection des Droits des Enfants

La protection des droits des enfants est une priorité pour Ousmane SONKO. Son gouvernement œuvre pour garantir que tous les enfants bénéficient de leurs droits fondamentaux, y compris le droit à l'éducation, à la protection contre les abus et à un environnement sûr et sain. Des programmes sont mis en place pour lutter contre le travail des enfants, promouvoir le bien-être des jeunes et assurer leur accès à des services sociaux essentiels. En investissant dans la jeunesse, SONKO vise à créer une génération future éduquée, en bonne santé et pleinement épanouie.

35. La Sécurité Alimentaire et la Souveraineté Agricole

SONKO accorde une grande importance à la sécurité alimentaire et à la souveraineté agricole du Sénégal. Son gouvernement développe des stratégies pour renforcer la production alimentaire nationale, améliorer l'accès aux aliments nutritifs et soutenir les petits agriculteurs. Des investissements sont faits dans les infrastructures rurales, l'irrigation et la formation agricole pour augmenter la productivité agricole et réduire la dépendance vis-à-vis des importations alimentaires. En assurant la sécurité alimentaire, SONKO contribue à la stabilité sociale et économique du pays.

36. La Promotion des Droits des Femmes

SONKO est engagé dans la promotion des droits des femmes et l'égalité des genres. Son gouvernement met en place des politiques pour renforcer la participation des femmes dans tous les secteurs de la société, y compris la politique, l'économie et la culture. Des mesures sont prises pour combattre la violence basée sur le genre, promouvoir l'autonomisation économique des femmes et assurer leur accès à la justice et aux services de santé reproductive. En garantissant l'égalité des chances, SONKO aspire à construire une société où les femmes jouent un rôle central dans le développement national.

37. La Préservation de la Paix Électorale

La préservation de la paix électorale est une priorité pour Ousmane SONKO. Son gouvernement travaille à garantir des élections libres, justes et transparentes, où chaque citoyen a la possibilité de voter sans crainte ni intimidation. Des mesures sont prises pour prévenir les tensions politiques et assurer le respect des résultats électoraux. En renforçant la démocratie et en promouvant la participation citoyenne, SONKO contribue à stabiliser le processus politique et à renforcer la confiance dans les institutions démocratiques du pays.

38. La Promotion de la Santé Mentale

La santé mentale est une composante essentielle du bien-être général des citoyens. Ousmane SONKO reconnaît l'importance de la santé mentale et promeut des politiques pour sensibiliser, prévenir et traiter les troubles mentaux. Son gouvernement investit dans les services de santé mentale, la formation des professionnels de la santé et le soutien aux personnes affectées. En faisant de la santé mentale une priorité, SONKO vise à réduire les stigmates associés aux maladies mentales et à améliorer la qualité de vie des individus et des familles.

39. La Lutte contre le Changement Climatique

SONKO considère le changement climatique comme l'un des défis les plus pressants pour la paix et la stabilité mondiale. Son gouvernement adopte une approche proactive pour atténuer les effets du changement climatique et renforcer la résilience aux catastrophes naturelles. Des politiques sont mises en place pour promouvoir les énergies renouvelables, réduire les émissions de gaz à effet de serre et protéger les écosystèmes vulnérables. En prenant des mesures audacieuses contre le changement climatique, SONKO défend la sécurité environnementale et économique des générations futures.

40. La Valorisation de la Diversité Culturelle

La valorisation de la diversité culturelle est au cœur de la vision de Ousmane SONKO pour une société harmonieuse et inclusive. Son gouvernement célèbre la richesse des traditions culturelles sénégalaises et promeut le respect des différentes identités ethniques et religieuses. Des initiatives sont lancées pour préserver le patrimoine culturel, soutenir les industries créatives et promouvoir le dialogue interculturel. En favorisant la diversité culturelle, SONKO aspire à renforcer l'unité nationale et à construire un avenir où chaque individu se sent valorisé et représenté.

Ousmane SONKO, Premier ministre du Sénégal, poursuit une vision ambitieuse pour promouvoir la paix, la stabilité et le développement durable à travers une série d'initiatives stratégiques. En mettant l'accent sur la prévention des conflits, la protection des droits humains, la sécurité alimentaire, l'égalité des genres, et la préservation de l'environnement, SONKO pose les fondations d'un Sénégal prospère et harmonieux. Son leadership inspiré par l'inclusion, la justice sociale et la coopération internationale appelle à une mobilisation collective pour surmonter les défis actuels et construire un avenir où chaque citoyen peut réaliser son plein potentiel dans la paix et la dignité.

Sous la direction d'Ousmane SONKO, le Sénégal est engagé dans la promotion de la paix et de la stabilité comme fondements de son développement. Cet engagement repose sur une gouvernance transparente et inclusive, la collaboration avec la société civile et un investissement dans l'éducation pour la paix. Ensemble, ces efforts visent à bâtir un Sénégal où chaque citoyen peut vivre en sécurité, dans le respect et la dignité, et contribuer à un avenir prospère et harmonieux pour la nation.

La Valorisation de l'Expertise Locale

Par ailleurs, l'héritage politique de Sonko met en lumière l'importance de valoriser l'expertise locale et de tirer parti des ressources endogènes pour promouvoir le développement durable. Sonko a souvent plaidé en faveur de politiques économiques qui favorisent l'autonomisation des communautés locales et la valorisation des savoirs traditionnels. Les partisans de Sonko peuvent perpétuer cet héritage en soutenant les initiatives locales, en encourageant l'entrepreneuriat social et en promouvant une approche holistique du développement.

Ousmane Sonko, en tant que Premier Ministre du Sénégal, met un accent particulier sur la valorisation de l'expertise locale pour promouvoir le développement durable et la stabilité nationale. Son approche repose sur la reconnaissance et l'utilisation efficace des compétences et des connaissances des communautés locales à travers le pays.

1. Encouragement de l'Entrepreneuriat Local

Sonko soutient activement l'entrepreneuriat local en facilitant l'accès au financement, aux formations et aux ressources nécessaires pour stimuler l'innovation et la croissance économique au niveau local. Il encourage la création d'entreprises qui valorisent les ressources naturelles et culturelles locales, favorisant ainsi le développement économique inclusif.

2. Promotion des Savoirs Traditionnels et Culturels

Le Premier Ministre Sonko reconnaît l'importance des savoirs traditionnels et culturels dans la préservation de l'identité nationale et dans le développement durable. Il encourage la transmission et la valorisation des savoir-faire locaux, notamment dans les domaines de l'agriculture durable, de l'artisanat, et du tourisme culturel. Cette promotion vise à renforcer la fierté nationale et à créer des opportunités économiques durables pour les communautés locales.

3. Renforcement des Capacités Locales

Sonko met l'accent sur le renforcement des capacités des administrations locales et des organisations communautaires pour une gestion efficace des ressources et une prise de décision participative. Il soutient la formation et le développement professionnel des leaders locaux, favorisant ainsi une gouvernance locale transparente et responsable.

4. Intégration des Solutions Locales aux Défis Nationaux

Le Premier Ministre Sonko encourage l'intégration des solutions innovantes développées localement pour résoudre les défis nationaux tels que l'accès à l'eau potable, la gestion des déchets, et l'adaptation aux changements climatiques. Il valorise les initiatives communautaires qui contribuent à la résilience nationale et à la réduction des vulnérabilités sociales et environnementales.

5. Promotion de la Recherche Locale et de l'Innovation

Sonko soutient la recherche scientifique et technologique menée localement, encourageant ainsi l'innovation et la création de solutions adaptées aux besoins spécifiques du Sénégal. Il investit dans les infrastructures de recherche et favorise la collaboration entre les universités, les centres de recherche et les entreprises locales pour dynamiser l'économie du savoir.

En valorisant l'expertise locale à travers ces initiatives, Ousmane Sonko vise à bâtir un Sénégal plus fort, plus résilient et plus prospère, où chaque citoyen peut contribuer activement au développement national dans un cadre de paix et de stabilité durables.

6. Développement des Compétences Technologiques

Ousmane Sonko reconnaît l'importance croissante des compétences technologiques dans l'économie moderne. Son gouvernement investit dans la formation et le développement des compétences numériques au niveau local, afin d'assurer que les jeunes et les travailleurs sénégalais soient prêts à relever les défis de l'économie numérique mondiale. Des programmes sont mis en place pour promouvoir l'entrepreneuriat technologique et soutenir l'innovation dans le domaine des technologies de l'information et de la communication.

7. Promotion de la Sécurité Alimentaire à Travers l'Agriculture Locale

La sécurité alimentaire est une priorité majeure pour Ousmane Sonko. Son gouvernement encourage la promotion de pratiques agricoles durables et respectueuses de l'environnement, adaptées aux réalités locales. Des initiatives sont lancées pour soutenir les petits agriculteurs et valoriser les systèmes agricoles traditionnels qui contribuent à la sécurité alimentaire nationale. En renforçant l'agriculture locale, Sonko vise à réduire la dépendance vis-à-vis des importations alimentaires et à promouvoir une alimentation saine et durable pour tous les Sénégalais.

8. Décentralisation et Autonomie des Régions

Sonko favorise la décentralisation administrative pour renforcer l'autonomie des régions et promouvoir un développement équilibré à travers le pays. Il soutient l'attribution de compétences et de ressources aux collectivités locales, permettant ainsi une gestion plus efficace des infrastructures, des services publics et des initiatives de développement économique. Cette approche vise à répondre aux besoins spécifiques des différentes régions du Sénégal et à promouvoir une croissance inclusive et durable.

9. Protection de l'Environnement et Gestion Durable des Ressources Naturelles

La protection de l'environnement est une priorité transversale dans la politique de Ousmane Sonko. Son gouvernement met en œuvre des politiques pour préserver les écosystèmes fragiles, promouvoir une exploitation durable des ressources naturelles et atténuer les effets du changement climatique. Des mesures sont prises pour renforcer la conservation des zones protégées, soutenir les pratiques de gestion durable des terres et promouvoir les énergies renouvelables. En valorisant l'expertise locale dans la gestion des ressources naturelles, Sonko œuvre pour assurer un avenir durable pour les générations futures.

10. Promotion de l'Éducation et de la Formation Professionnelle

Sonko croit fermement en l'éducation comme un levier essentiel pour le développement individuel et national. Son gouvernement investit dans l'amélioration de l'accès à une éducation de qualité et dans le renforcement des compétences professionnelles nécessaires à une économie en évolution rapide. Des initiatives sont lancées pour moderniser les infrastructures éducatives, former les enseignants et promouvoir l'apprentissage tout au long de la vie. En valorisant l'expertise locale dans le secteur de l'éducation, Sonko aspire à former une main-d'œuvre compétente et adaptable, prête à relever les défis du marché du travail moderne.

En consolidant l'expertise locale à travers ces initiatives stratégiques, Ousmane Sonko montre un engagement résolu à construire un Sénégal dynamique, inclusif et résilient, où chaque individu peut contribuer pleinement au progrès national dans un climat de paix et de stabilité durables.

La Lutte contre les Injustices Sociales

Enfin, la lutte contre les injustices sociales reste au cœur de l'héritage politique de Sonko. Son engagement en faveur des droits des travailleurs, des femmes, des jeunes et des minorités a marqué son parcours politique. Les partisans de Sonko doivent poursuivre cette lutte en s'engageant pour l'égalité des chances, la lutte contre toutes les formes de discrimination et la promotion de politiques inclusives qui bénéficient à l'ensemble de la société.

L'héritage politique d'Ousmane Sonko est un appel à l'action pour la construction d'un Sénégal plus juste, plus équitable et plus prospère. En perpétuant ses idéaux de paix, de valorisation de l'expertise locale et de lutte contre les injustices sociales, les partisans de Sonko peuvent contribuer à transformer la société sénégalaise pour le mieux. En gardant vivante sa vision d'un avenir meilleur, ils honorent son héritage et assurent la continuation de son impact sur le pays et sur le monde.

Ousmane Sonko, en tant que Premier Ministre du Sénégal, mène une lutte résolue contre les injustices sociales qui affectent les citoyens sénégalais. Son engagement se manifeste à travers plusieurs initiatives visant à promouvoir l'équité, la justice et le bien-être pour tous.

1. Éradication de la Pauvreté et Réduction des Inégalités

Sonko met un point d'honneur à lutter contre la pauvreté et à réduire les écarts de richesse au Sénégal. Son gouvernement met en place des programmes sociaux pour soutenir les populations les plus vulnérables, y compris les programmes de filet de sécurité sociale, l'accès à des services de base comme la santé et l'éducation, ainsi que des initiatives économiques pour créer des emplois et stimuler la croissance inclusive.

2. Accès Équitable aux Services de Santé

La lutte contre les injustices sociales inclut l'amélioration de l'accès aux services de santé pour tous les citoyens. Sonko travaille à renforcer les infrastructures de santé, à augmenter le nombre de professionnels de la santé, et à rendre les soins de santé plus accessibles et abordables, en particulier pour les communautés rurales et défavorisées.

3. Promotion de l'Éducation de Qualité pour Tous

Sonko s'engage fermement à fournir une éducation de qualité à tous les enfants sénégalais, indépendamment de leur origine socio-économique. Son gouvernement investit dans la construction et la rénovation des écoles, la formation continue des enseignants, et la modernisation des programmes éducatifs pour répondre aux besoins du marché du travail moderne.

4. Justice Sociale et Droits de l'Homme

Sonko promeut la justice sociale en renforçant les institutions judiciaires et en garantissant l'application équitable des lois. Il défend les droits de l'homme en s'attaquant aux discriminations basées sur le genre, l'ethnie, ou la religion, et en protégeant les minorités contre toute forme de discrimination ou de violence.

5. Égalité des Chances et Empowerment des Femmes

Sonko soutient activement l'égalité des chances et l'empowerment des femmes à tous les niveaux de la société. Son gouvernement promeut l'accès des femmes à l'éducation, à l'emploi et à des postes de responsabilité, tout en luttant contre les pratiques discriminatoires et en soutenant les initiatives visant à améliorer le statut économique et social des femmes.

6. Protection de l'Environnement et Développement Durable

La lutte contre les injustices sociales inclut également la protection de l'environnement et la promotion d'un développement durable. Sonko met en œuvre des politiques pour préserver les ressources naturelles, réduire les impacts du changement climatique, et créer des opportunités économiques durables pour les générations futures.

À travers ces actions et politiques, Ousmane Sonko s'efforce de créer un Sénégal où chaque citoyen peut vivre dignement, bénéficier des mêmes chances, et contribuer au développement national dans un environnement de justice sociale et d'équité.

La Protection de l'Environnement et la Durabilité

Dans la continuité de l'héritage politique de Sonko, la protection de l'environnement et la promotion de la durabilité jouent un rôle crucial. Sonko a souvent souligné l'importance de préserver les ressources naturelles du Sénégal et de lutter contre le changement climatique. Les partisans de Sonko doivent continuer à plaider en faveur de politiques environnementales robustes, de la conservation des écosystèmes fragiles et de la transition vers des modes de production et de consommation durables pour assurer un avenir viable pour les générations futures.

La Défense des Droits de l'Homme et de la Démocratie

Sonko promeut la justice et l'égalité devant la loi en veillant à ce que tous les citoyens, quel que soit leur statut socio-économique, aient un accès équitable à la justice. Il soutient la réforme judiciaire pour renforcer l'indépendance du système judiciaire et pour assurer un traitement équitable devant la loi. Son gouvernement lutte contre l'impunité et promeut la responsabilité pour les violations des droits de l'homme et les actes de corruption.

4. Protection des Minorités et Lutte contre les Discriminations

Sonko défend les droits des minorités et lutte contre toutes les formes de discrimination, qu'elles soient basées sur l'ethnie, la religion, le genre ou toute autre caractéristique. Il soutient les politiques d'inclusion sociale pour garantir que chaque individu se sente valorisé et respecté au sein de la société sénégalaise diversifiée.

5. Promotion de la Participation Politique et Citoyenne

Sonko encourage la participation politique active et citoyenne en tant que pilier de la démocratie. Il soutient l'éducation civique et politique pour renforcer la conscience démocratique parmi les citoyens et promeut la participation équitable des femmes et des jeunes dans les processus décisionnels et politiques du pays.

6. Engagement en faveur des Droits Internationaux

Sonko affirme l'engagement du Sénégal envers les normes internationales des droits de l'homme et travaille en collaboration avec la communauté internationale pour renforcer la coopération et promouvoir les valeurs universelles des droits humains. Il participe activement aux forums internationaux pour partager les bonnes pratiques et contribuer aux efforts mondiaux visant à protéger et à promouvoir les droits de l'homme à l'échelle mondiale.

À travers ces actions et politiques, Ousmane Sonko défend résolument les droits de l'homme et la démocratie au Sénégal, œuvrant pour un pays où la justice, l'équité et la liberté sont garanties pour tous les citoyens, et où la participation citoyenne active renforce les fondements d'une société démocratique et inclusive.

En outre, la défense des droits de l'homme et de la démocratie reste un pilier fondamental de l'héritage politique de Sonko. Son engagement en faveur de la liberté d'expression, de la liberté de la presse et des droits des citoyens a contribué à renforcer les fondements démocratiques du Sénégal. Les partisans de Sonko doivent continuer à être des défenseurs vigilants de ces droits fondamentaux, à dénoncer toute atteinte à ces libertés et à promouvoir une culture de respect des droits humains dans toutes les sphères de la société.

La Collaboration avec la Diaspora

Enfin, la collaboration avec la diaspora sénégalaise est un aspect important de la pérennisation de l'héritage politique de Sonko. La diaspora représente une source importante de soutien financier, d'expertise et de réseau pour le développement du Sénégal. Les partisans de Sonko doivent encourager une collaboration étroite avec la diaspora, en facilitant son engagement dans les initiatives de développement et en valorisant ses contributions à la croissance économique et sociale du pays.

En définitive, l'héritage politique d'Ousmane Sonko est un appel à l'action pour la construction d'un Sénégal plus juste, plus durable et plus démocratique. En continuant à défendre les valeurs de protection de l'environnement, de respect des droits de l'homme et de collaboration avec la diaspora, les partisans de Sonko peuvent contribuer à façonner un avenir meilleur pour le Sénégal et pour l'ensemble de ses citoyens. En honorant son héritage et en poursuivant son combat pour la justice et la dignité humaine, ils assurent la pérennité de son impact sur le pays et sur le monde.

Ousmane Sonko reconnaît l'importance cruciale de la diaspora sénégalaise comme un acteur clé dans le développement économique, social et culturel du Sénégal. En tant que Premier Ministre, il promeut activement la collaboration avec la diaspora pour renforcer les liens avec le pays d'origine et contribuer à son progrès global.

1. Promotion des Investissements et du Développement Économique

Sonko encourage la diaspora sénégalaise à investir dans des projets économiques et des initiatives de développement au Sénégal. Son gouvernement facilite les investissements directs dans divers secteurs tels que l'agriculture, le tourisme, les infrastructures et les nouvelles technologies, créant ainsi des opportunités d'emploi et stimulant la croissance économique.

2. Transferts de Compétences et de Connaissances

Sonko valorise les compétences et les connaissances que la diaspora apporte au Sénégal. Il encourage les initiatives visant à transférer des technologies, des expertises professionnelles et des pratiques commerciales innovantes. Des programmes de formation et de mentorat sont mis en place pour renforcer les capacités locales et promouvoir l'entreprenariat.

3. Participation à la Vie Politique et à la Gouvernance

Sonko encourage la participation active de la diaspora dans les processus démocratiques et la gouvernance locale. Il soutient la représentation politique des Sénégalais de l'étranger et facilite leur intégration dans les décisions politiques qui affectent leur communauté d'origine.

4. Soutien aux Initiatives Culturelles et Sociales

Sonko valorise la contribution de la diaspora à la promotion de la culture sénégalaise à l'échelle mondiale. Il soutient les initiatives culturelles, artistiques et éducatives qui renforcent l'identité nationale et favorisent le dialogue interculturel.

5. Renforcement des Liens Familiaux et Sociaux

Sonko promeut le renforcement des liens familiaux et sociaux entre la diaspora et le Sénégal. Son gouvernement facilite les échanges culturels, les visites familiales et les programmes de réunification familiale, renforçant ainsi les liens affectifs et le soutien mutuel entre les communautés sénégalaises à l'intérieur et à l'extérieur du pays.

En collaborant étroitement avec la diaspora, Ousmane Sonko aspire à mobiliser les ressources humaines et financières nécessaires pour stimuler le développement durable du Sénégal, tout en renforçant les ponts entre les Sénégalais vivant à l'étranger et leur pays d'origine.

L'impact de Sonko sur la politique sénégalaise moderne et son héritage en tant que figure emblématique de l'opposition.

L'impact de Sonko sur la politique sénégalaise moderne est indéniable. En tant que figure emblématique de l'opposition, il a réussi à mobiliser un large soutien populaire et à remettre en question les structures politiques traditionnelles du pays. Sonko a fait émerger de nouvelles dynamiques politiques en mettant l'accent sur la lutte contre la corruption, la promotion de la justice sociale et la défense des droits des citoyens.

Sonko a également contribué à revitaliser le débat politique au Sénégal en introduisant de nouvelles idées et en défiant le statu quo établi. Sa présence sur la scène politique a encouragé un renouvellement des discours politiques et a stimulé l'engagement citoyen, notamment parmi les jeunes générations.

En tant que leader de l'opposition, Sonko a joué un rôle crucial dans la surveillance et la critique du gouvernement en place, contribuant ainsi à renforcer la reddition de comptes et la transparence dans la gouvernance. Sa capacité à mobiliser les masses et à attirer l'attention sur les questions cruciales a poussé les autres acteurs politiques à prendre position et à répondre aux préoccupations de la population.

En ce qui concerne son héritage en tant que figure emblématique de l'opposition, Sonko laisse derrière lui un legs de résistance et de persévérance dans la lutte pour un Sénégal plus juste et plus démocratique. Son engagement en faveur des droits de l'homme, de la démocratie participative et de la justice sociale continuera d'inspirer les générations futures de leaders et de citoyens engagés.

Bien que son parcours politique ait été marqué par des défis et des controverses, Sonko restera dans l'histoire politique du Sénégal comme une voix courageuse et déterminée pour le changement. Son héritage en tant que champion de la justice et de la démocratie continuera de guider le pays sur la voie de la transformation et du progrès.

Sonko a également contribué à élargir l'espace démocratique au Sénégal en encourageant une participation citoyenne active et en appelant à une gouvernance plus transparente et responsable. Son style direct et franc a captivé l'attention de nombreux électeurs qui se sentaient déconnectés du processus politique traditionnel.

En tant que représentant de l'opposition, Sonko a souvent été confronté à des défis et des obstacles, notamment des accusations de diffamation et des tentatives d'intimidation de la part du gouvernement en place. Malgré ces pressions, il a maintenu son engagement envers les principes démocratiques et les droits fondamentaux, devenant ainsi une voix de ralliement pour ceux qui cherchent un changement positif au Sénégal.

Son héritage en tant que figure emblématique de l'opposition résidera dans sa capacité à incarner les aspirations et les espoirs du peuple sénégalais pour un avenir meilleur. Sonko a su canaliser les frustrations et les aspirations de la population en propositions politiques concrètes, faisant ainsi avancer le débat politique et contribuant à façonner l'agenda politique du pays.

En fin de compte, l'impact de Sonko sur la politique sénégalaise moderne et son héritage en tant que figure emblématique de l'opposition seront mesurés par sa capacité à inspirer un changement durable et significatif dans la société sénégalaise. Son engagement en faveur de la démocratie, de la justice sociale et de la transparence continuera de résonner à travers le pays, laissant une marque indélébile sur l'histoire politique du Sénégal.

Sonko a également contribué à élargir la participation politique des citoyens, en particulier des jeunes, en les encourageant à s'impliquer activement dans le processus démocratique. Son discours franc et son engagement en faveur des droits des citoyens ont inspiré une nouvelle génération de militants et de leaders politiques, contribuant ainsi à renouveler et à dynamiser le paysage politique du Sénégal.

En tant que leader charismatique de l'opposition, Sonko a joué un rôle crucial dans la mobilisation des citoyens autour de questions cruciales telles que la gouvernance transparente, la lutte contre la corruption et la promotion de l'égalité sociale. Sonko a su donner une voix aux sans-voix et défendre les intérêts des plus vulnérables de la société, ce qui lui a valu une popularité croissante auprès de larges segments de la population.

Son héritage en tant que figure emblématique de l'opposition sera également marqué par sa capacité à maintenir un dialogue ouvert et constructif avec les autres acteurs politiques, malgré les divergences idéologiques. Sonko a montré qu'il était possible de travailler ensemble pour le bien commun, en dépassant les clivages partisans au profit de l'intérêt général.

En conclusion, l'impact de Sonko sur la politique sénégalaise moderne et son héritage en tant que figure emblématique de l'opposition seront inscrits dans l'histoire du pays comme une période de changement et de renouveau. Son engagement en faveur de la démocratie, de la justice sociale et de la participation citoyenne restera une source d'inspiration pour les générations futures, contribuant ainsi à façonner un avenir plus juste et plus démocratique pour le Sénégal.

Sonko a laissé une empreinte indélébile sur la politique sénégalaise moderne en défendant courageusement ses convictions et en défiant les normes établies. Son héritage en tant que figure emblématique de l'opposition réside dans sa capacité à mobiliser les masses, à susciter un débat national et à incarner les espoirs de changement et de progrès pour le pays.

Sa contribution à l'évolution politique du Sénégal se mesure également à sa capacité à remettre en question le statu quo et à proposer des alternatives crédibles pour répondre aux besoins et aux aspirations du peuple sénégalais. Sonko a joué un rôle central dans la revitalisation de la démocratie sénégalaise en encourageant une participation politique active et en plaidant pour une gouvernance plus transparente et responsable.

En tant que voix dissidente au sein de l'arène politique sénégalaise, Sonko a été un catalyseur de changement, inspirant d'autres à se lever et à se faire entendre contre l'injustice et la corruption. Son héritage en tant que défenseur infatigable de la démocratie et des droits de l'homme restera gravé dans l'histoire du Sénégal, rappelant à tous le pouvoir de la voix individuelle pour influencer le cours de l'histoire.

Au-delà de sa propre carrière politique, Sonko laisse derrière lui un héritage de courage, d'intégrité et de détermination qui continuera d'inspirer les générations futures à lutter pour un Sénégal meilleur. Son impact sur la politique sénégalaise moderne et son héritage en tant que figure emblématique de l'opposition seront célébrés et étudiés comme un chapitre crucial de l'histoire politique du pays.

Sonko a également ouvert la voie à une nouvelle ère de politique sénégalaise, caractérisée par un appel à la responsabilité, à la transparence et à la justice sociale. Son héritage en tant que figure emblématique de l'opposition continuera d'inspirer les citoyens à s'engager activement dans la vie politique de leur pays et à exiger des changements significatifs de la part de leurs dirigeants.

En dépit des défis et des obstacles rencontrés sur son chemin, Sonko a persévéré dans sa mission de défendre les intérêts du peuple sénégalais et de promouvoir une gouvernance plus équitable et démocratique. Son héritage politique est ancré dans sa détermination à lutter pour un Sénégal où chaque citoyen est respecté, où les droits sont protégés et où les opportunités sont équitables pour tous.

En conclusion, l'impact de Sonko sur la politique sénégalaise moderne et son héritage en tant que figure emblématique de l'opposition sont indéniables. Son engagement en faveur de la démocratie, de la justice sociale et de la responsabilité politique continuera de résonner à travers les générations, inspirant les citoyens à défendre leurs droits et à travailler ensemble pour un avenir meilleur. Sonko restera à jamais une voix incontournable dans l'histoire politique du Sénégal, un symbole de courage, d'intégrité et de détermination dans la lutte pour un Sénégal plus juste et plus démocratique.

Sonko a su incarner les aspirations du peuple sénégalais pour un changement politique authentique et pour une meilleure gouvernance. Son héritage en tant que figure emblématique de l'opposition résidera dans sa capacité à mobiliser les citoyens autour de ces idéaux et à les encourager à s'impliquer activement dans la vie politique de leur pays.

En dépit des défis et des obstacles rencontrés sur son chemin, Sonko a toujours maintenu sa conviction profonde envers les valeurs de démocratie, d'intégrité et de justice. Son héritage politique sera gravé dans l'histoire du Sénégal comme un exemple de détermination et de courage dans la lutte pour un meilleur avenir pour tous les citoyens.

En conclusion, l'impact de Sonko sur la politique sénégalaise moderne et son héritage en tant que figure emblématique de l'opposition sont indéniables. Son engagement en faveur de la démocratie, de la justice sociale et de la transparence a laissé une marque indélébile sur le paysage politique du Sénégal et continuera d'inspirer les générations futures à poursuivre le combat pour un Sénégal plus juste, plus démocratique et plus prospère. Sonko restera une figure importante dans l'histoire politique du pays, rappelant à tous le pouvoir de la résistance et de la détermination dans la poursuite du bien commun.

Sonko a également marqué la politique sénégalaise moderne par sa capacité à mobiliser les jeunes générations et à les impliquer dans le processus politique. En insufflant un vent de renouveau et d'enthousiasme, il a encouragé les jeunes à prendre leur destin en main et à contribuer activement à la construction d'un Sénégal meilleur.

Son héritage en tant que figure emblématique de l'opposition réside également dans sa défense intrépide des valeurs démocratiques et des droits fondamentaux. En dépit des pressions politiques et des obstacles rencontrés, Sonko a toujours maintenu sa fermeté dans la défense de ces principes, devenant ainsi un symbole de résistance et d'intégrité pour de nombreux citoyens sénégalais.

En fin de compte, l'impact de Sonko sur la politique sénégalaise moderne et son héritage en tant que figure emblématique de l'opposition témoignent de son influence durable dans la société sénégalaise. Son engagement en faveur de la démocratie, de la justice sociale et de la participation citoyenne a ouvert la voie à un nouveau chapitre de l'histoire politique du pays, inspirant les générations actuelles et futures à poursuivre le combat pour un Sénégal plus juste, plus démocratique et plus prospère.

Sonko a également laissé un héritage indélébile en tant que défenseur des droits des citoyens, en particulier des plus vulnérables de la société. Son engagement en faveur de la justice sociale et de l'égalité a permis de sensibiliser l'opinion publique aux injustices et aux inégalités persistantes au Sénégal. Sonko a donné une voix aux sans-voix et a plaidé pour des politiques publiques qui favorisent la dignité et le bien-être de tous les citoyens, indépendamment de leur origine sociale ou ethnique.

En tant que symbole de l'opposition, Sonko a incarné les aspirations d'un grand nombre de Sénégalais pour un changement politique radical et une gouvernance plus transparente et responsable. Son héritage en tant que figure emblématique de l'opposition réside dans sa capacité à mobiliser les citoyens autour de ces idéaux et à les inspirer à jouer un rôle actif dans la construction de leur avenir politique.

En définitive, l'impact de Sonko sur la politique sénégalaise moderne et son héritage en tant que figure de l'opposition sont profondément ancrés dans la conscience collective du pays. Sonko restera un symbole de courage, de détermination et d'intégrité pour les générations à venir, rappelant à tous le pouvoir de la mobilisation citoyenne et de la lutte pour un avenir meilleur. Son héritage politique continuera d'inspirer les Sénégalais à défendre leurs droits, à participer activement à la vie politique de leur pays et à poursuivre le combat pour une société plus juste et plus démocratique.

Sonko a également laissé un impact significatif sur la politique sénégalaise moderne en tant que porte-voix des citoyens ordinaires. Son héritage en tant que figure emblématique de l'opposition réside dans sa capacité à donner une voix aux préoccupations et aux aspirations du peuple sénégalais. À travers ses discours passionnés et ses actions politiques, il a réussi à attirer l'attention sur les questions cruciales telles que la corruption, les inégalités sociales et la gouvernance démocratique.

Sonko a su incarner l'esprit de résistance et de lutte pour la justice, inspirant ainsi de nombreux citoyens à se mobiliser et à s'organiser pour défendre leurs droits et leurs intérêts. Son héritage politique restera un symbole de la capacité des individus à influencer le cours de l'histoire et à promouvoir le changement politique à travers leur engagement civique et leur participation démocratique.

En définitive, l'impact de Sonko sur la politique sénégalaise moderne et son héritage en tant que figure de l'opposition seront célébrés comme une étape importante dans l'évolution démocratique du pays. Son engagement en faveur de la démocratie, de la justice sociale et de la responsabilité politique continuera d'inspirer les générations futures à lutter pour un Sénégal plus juste, plus démocratique et plus prospère. Sonko restera une figure incontournable dans l'histoire politique du pays, rappelant à tous le pouvoir de la mobilisation citoyenne et de la lutte pour un avenir meilleur.

Sonko a également laissé un héritage indélébile en tant que défenseur des droits des citoyens, en particulier des plus vulnérables de la société. Son engagement en faveur de la justice sociale et de l'égalité a permis de sensibiliser l'opinion publique aux injustices et aux inégalités persistantes au Sénégal. Sonko a donné une voix aux sans-voix et a plaidé pour des politiques publiques qui favorisent la dignité et le bien-être de tous les citoyens, indépendamment de leur origine sociale ou ethnique.

En tant que symbole de l'opposition, Sonko a incarné les aspirations d'un grand nombre de Sénégalais pour un changement politique radical et une gouvernance plus transparente et responsable. Son héritage en tant que figure emblématique de l'opposition réside dans sa capacité à mobiliser les citoyens autour de ces idéaux et à les inspirer à jouer un rôle actif dans la construction de leur avenir politique.

Sonko a également marqué la politique sénégalaise moderne par sa capacité à mobiliser les jeunes générations et à les impliquer dans le processus politique. En insufflant un vent de renouveau et d'enthousiasme, il a encouragé les jeunes à prendre leur destin en main et à contribuer activement à la construction d'un Sénégal meilleur.

L'impact de Sonko sur la politique sénégalaise moderne et son héritage en tant que figure de l'opposition sont profondément ancrés dans la conscience collective du pays. Sonko restera un symbole de courage, de détermination et d'intégrité pour les générations à venir, rappelant à tous le pouvoir de la mobilisation citoyenne et de la lutte pour un avenir meilleur. Son héritage politique continuera d'inspirer les Sénégalais à défendre leurs droits, à participer activement à la vie politique de leur pays et à poursuivre le combat pour une société plus juste et plus démocratique.

Sonko a également laissé un impact significatif sur la politique sénégalaise moderne en tant que porte-voix des citoyens ordinaires. Son héritage en tant que figure emblématique de l'opposition réside dans sa capacité à donner une voix aux préoccupations et aux aspirations du peuple sénégalais. À travers ses discours passionnés et ses actions politiques, il a réussi à attirer l'attention sur les questions cruciales telles que la corruption, les inégalités sociales et la gouvernance démocratique.

Sonko a su incarner l'esprit de résistance et de lutte pour la justice, inspirant ainsi de nombreux citoyens à se mobiliser et à s'organiser pour défendre leurs droits et leurs intérêts. Son héritage politique restera un symbole de la capacité des individus à influencer le cours de l'histoire et à promouvoir le changement politique à travers leur engagement civique et leur participation démocratique.

En définitive, l'impact de Sonko sur la politique sénégalaise moderne et son héritage en tant que figure de l'opposition seront célébrés comme une étape importante dans l'évolution démocratique du pays. Son engagement en faveur de la démocratie, de la justice sociale et de la responsabilité politique continuera d'inspirer les générations futures à lutter pour un Sénégal plus juste, plus démocratique et plus prospère. Sonko restera une figure incontournable dans l'histoire politique du pays, rappelant à tous le pouvoir de la mobilisation citoyenne et de la lutte pour un avenir meilleur.

Sonko a également laissé un héritage indélébile en tant que défenseur des droits des citoyens, en particulier des plus vulnérables de la société. Son engagement en faveur de la justice sociale et de l'égalité a permis de sensibiliser l'opinion publique aux injustices et aux inégalités persistantes au Sénégal. Sonko a donné une voix aux sans-voix et a plaidé pour des politiques publiques qui favorisent la dignité et le bien-être de tous les citoyens, indépendamment de leur origine sociale ou ethnique.

En tant que symbole de l'opposition, Sonko a incarné les aspirations d'un grand nombre de Sénégalais pour un changement politique radical et une gouvernance plus transparente et responsable. Son héritage en tant que figure emblématique de l'opposition réside dans sa capacité à mobiliser les citoyens autour de ces idéaux et à les inspirer à jouer un rôle actif dans la construction de leur avenir politique.

Sonko a également marqué la politique sénégalaise moderne par sa capacité à mobiliser les jeunes générations et à les impliquer dans le processus politique. En insufflant un vent de renouveau et d'enthousiasme, il a encouragé les jeunes à prendre leur destin en main et à contribuer activement à la construction d'un Sénégal meilleur.

En définitive, l'impact de Sonko sur la politique sénégalaise moderne et son héritage en tant que figure de l'opposition sont profondément ancrés dans la conscience collective du pays. Sonko restera un symbole de courage, de détermination et d'intégrité pour les générations à venir, rappelant à tous le pouvoir de la mobilisation citoyenne et de la lutte pour un avenir meilleur. Son héritage politique continuera d'inspirer les Sénégalais à défendre leurs droits, à participer activement à la vie politique de leur pays et à poursuivre le combat pour une société plus juste et plus démocratique.

Chapitre 7 : Les relations entre Ousmane Sonko et le président Bassirou Diomaye Faye

Dans ce chapitre, nous allons explorer la nature et l'évolution des relations entre Ousmane Sonko, une figure politique montante au Sénégal et , président du parti Pastef-Les Patriotes et le Président de la république Bassirou Diomaye Diakhar Faye

Contexte de la Rencontre

Les chemins de Sonko et Faye se sont croisés lors des premières années de formation du parti Pastef. Leur rencontre initiale a été marquée par une vision commune de réformer le paysage politique sénégalais, en mettant l'accent sur la transparence, la bonne gouvernance et la lutte contre la corruption.

Collaboration et Synergie

Dès le début, Sonko et Faye ont su instaurer une relation de confiance et de respect mutuel. Leur collaboration a été essentielle dans la structuration du parti et la mobilisation des bases. Bassirou Diomaye Faye, avec son expérience et son réseau, a joué un rôle crucial dans l'expansion du parti au niveau national. Sonko, quant à lui, apportait sa crédibilité en tant qu'ancien inspecteur des impôts et son discours incisif contre les pratiques de corruption au sein de l'État.

Défis et Tensions

Toutefois, comme dans toute relation politique, des tensions ont émergé. Les divergences stratégiques sur certaines décisions cruciales, notamment sur les alliances électorales et les positions à adopter face aux attaques médiatiques, ont parfois mis à l'épreuve leur entente. Cependant, ces tensions ont souvent été surmontées grâce à des discussions franches et un objectif commun de faire avancer leur cause.

Impact sur la Scène Politique

L'alliance entre Sonko et Faye a eu un impact significatif sur la scène politique sénégalaise. Ensemble, ils ont su attirer une base de jeunes électeurs désillusionnés par les partis traditionnels. Leur message de changement et de réforme a résonné

Évolution des Relations

Avec le temps, les relations entre Sonko et Faye ont évolué, marquées par des moments de rapprochement et d'éloignement, typiques des dynamiques internes à tout mouvement politique. Les succès électoraux et les épreuves politiques ont renforcé leur collaboration, mais ont également révélé les tensions sous-jacentes.

La Crise de 2023

L'année 2023 a été particulièrement tumultueuse pour Pastef et a mis à rude épreuve les relations entre ses deux leaders. Une série de controverses et de scandales, alimentés par les médias et leurs adversaires politiques, ont plongé le parti dans une crise profonde. Sonko, en tant que visage public du parti, a été au centre de nombreuses attaques, tandis que Faye a dû gérer les répercussions internes et maintenir la cohésion du parti.

Pendant cette période, des désaccords stratégiques sont apparus. Faye, préconisant une approche plus prudente et diplomatique, s'est parfois heurté à Sonko, connu pour son style plus direct et combatif. Malgré ces divergences, les deux hommes ont réussi à trouver un terrain d'entente, montrant une fois de plus leur capacité à mettre l'intérêt du parti au-dessus de leurs différends personnels.

Renforcement des Bases

Malgré les défis, la crise de 2023 a également permis de renforcer les bases du parti. La solidarité face aux attaques extérieures a consolidé l'unité des membres et a montré la résilience de leur organisation. Faye a joué un rôle crucial en mobilisant les militants et en maintenant le moral des troupes, tandis que Sonko a continué à porter le message du parti sur la scène nationale et internationale.

La Question de la Succession

Une question sensible qui plane sur leur relation est celle de la succession. Avec la montée en puissance de Sonko sur la scène nationale, la question de sa succession au sein du parti est devenue une préoccupation. Faye, en tant que président du parti, a la responsabilité de préparer la prochaine génération de leaders tout en assurant une transition en douceur. Les discussions sur la succession ont parfois généré des tensions, mais elles sont essentielles pour garantir la pérennité de Pastef.

Vision Commune pour l'Avenir

Malgré les défis et les tensions, Sonko et Faye partagent une vision commune pour l'avenir du Sénégal. Leur objectif reste de transformer le pays en un État plus juste, transparent et prospère. Leur capacité à collaborer efficacement sera déterminante pour la réalisation de cette vision.

Les relations entre Ousmane Sonko et Bassirou Diomaye Faye sont un exemple de la complexité des alliances politiques. Leur partenariat, forgé dans les épreuves et les succès, a permis à Pastef de devenir un acteur majeur de la politique sénégalaise. Alors que le Sénégal se prépare à de nouvelles échéances électorales, la solidité de leur relation sera cruciale pour l'avenir du parti et pour leur capacité à réaliser leur vision de changement pour le pays.

Ce chapitre souligne l'importance des relations internes au sein des partis politiques et comment elles influencent non seulement la dynamique interne mais aussi l'impact global sur la scène politique. Le parcours de Sonko et Faye illustre les défis et les opportunités qui se présentent lorsqu'on cherche à transformer profondément une société.

L'Importance de la Communication

La communication entre Sonko et Faye a toujours été un élément clé de leur relation. Dans les moments de crise, ils ont souvent opté pour des réunions de crise et des discussions approfondies pour aborder les divergences et trouver des solutions communes. Leur capacité à communiquer efficacement a été un facteur déterminant dans la résolution des conflits internes et dans le maintien de la cohésion du parti.

La Stratégie Électorale

En prévision des élections présidentielles, Sonko et Faye ont mis au point une stratégie électorale ambitieuse. Ils ont travaillé ensemble pour renforcer la présence du parti dans toutes les régions du Sénégal, en organisant des tournées de sensibilisation et en établissant des comités locaux pour mobiliser les électeurs. Leur objectif est de capitaliser sur la popularité croissante de Sonko et de convertir ce soutien en victoires électorales significatives.

Faye, avec son expertise organisationnelle, a joué un rôle crucial dans la logistique et la planification des campagnes. Sonko, quant à lui, a continué à être le porte-voix du parti, en utilisant son charisme et ses compétences oratoires pour rallier les foules et transmettre le message de Pastef.

Les Défis à Venir

Malgré les préparations, les défis ne manquent pas. Les adversaires politiques de Pastef sont déterminés à freiner leur ascension par tous les moyens possibles, y compris la diffusion de fausses informations et les attaques personnelles. Sonko et Faye sont conscients de ces obstacles et ont élaboré des plans pour les contrer, notamment en renforçant leur équipe de communication et en engageant des experts pour surveiller et répondre aux attaques.

La Dynamique du Leadership

Un autre aspect important de leur relation est la dynamique du leadership au sein de Pastef. Sonko, en tant que figure emblématique, attire l'attention des médias et du public, mais Faye joue un rôle tout aussi crucial en coulisses. Leur complémentarité a été un atout majeur pour le parti. Toutefois, cette dynamique doit être soigneusement gérée pour éviter tout déséquilibre qui pourrait nuire à la stabilité du parti.

L'Engagement des Jeunes

Sonko et Faye ont mis un accent particulier sur l'engagement des jeunes dans la politique. Ils ont lancé plusieurs initiatives pour encourager la participation des jeunes et leur offrir des plateformes pour s'exprimer et contribuer aux décisions du parti. Cet engagement envers la jeunesse a non seulement renforcé leur base électorale, mais a aussi apporté une énergie nouvelle et des idées innovantes au sein de Pastef.

La Vision pour le Sénégal

En fin de compte, ce qui unit Sonko et Faye est leur vision partagée pour un Sénégal meilleur. Ils croient fermement en la nécessité de réformer les institutions, de promouvoir la justice sociale et de créer des opportunités pour tous les Sénégalais. Leur détermination à réaliser cette vision continue de les guider et de motiver leurs actions.

Les relations entre Ousmane Sonko et Bassirou Diomaye Faye sont un pilier essentiel du succès de Pastef. Leur collaboration, fondée sur la confiance, la communication et une vision commune, a permis au parti de surmonter de nombreux défis et de s'imposer comme une force majeure dans la politique sénégalaise. Alors qu'ils se préparent pour les prochaines étapes de leur parcours politique, leur capacité à maintenir cette relation harmonieuse sera cruciale pour l'avenir du parti et pour la réalisation de leurs ambitions pour le Sénégal.

L'Engagement International

Au-delà des frontières du Sénégal, Sonko et Faye ont également travaillé à renforcer les relations internationales de Pastef. Conscients de l'importance du soutien et de la reconnaissance internationale, ils ont entrepris des voyages diplomatiques et ont participé à des forums internationaux. Ces initiatives visent à établir des partenariats stratégiques et à attirer des investissements pour soutenir leurs projets de développement national.

Les Alliances Politiques

Un autre aspect crucial de leur stratégie a été la formation d'alliances politiques avec d'autres partis et mouvements sociaux. Sonko et Faye ont compris que pour réaliser leur vision, ils devaient rassembler une coalition large et inclusive. Ils ont donc engagé des discussions avec divers acteurs politiques, syndicats, et organisations de la société civile pour créer une plateforme unifiée capable de défier les partis établis.

L'Impact Social et Économique

Les programmes politiques de Sonko et Faye mettent un accent particulier sur les réformes sociales et économiques. Ils ont proposé des politiques visant à réduire les inégalités, à améliorer l'éducation et la santé, et à promouvoir le développement durable. Leur approche se distingue par une volonté de combiner des solutions innovantes avec une gestion transparente et responsable des ressources publiques.

La Réforme de l'Éducation

L'éducation étant un pilier fondamental de leur vision, Sonko et Faye ont mis en avant des réformes éducatives ambitieuses. Ils préconisent l'amélioration des infrastructures scolaires, la formation continue des enseignants, et l'intégration des technologies modernes dans le système éducatif. Leur objectif est de préparer les jeunes Sénégalais à être des acteurs compétents et compétitifs sur le marché global.

La Promotion de l'Entrepreneuriat

Sonko et Faye encouragent également l'entrepreneuriat comme moteur de croissance économique. Ils ont proposé des initiatives pour soutenir les jeunes entrepreneurs, notamment par des programmes de formation, des facilités de crédit, et des incubateurs d'entreprises. Cette approche vise à dynamiser l'économie locale et à créer des emplois durables.

La Gestion des Ressources Naturelles

Conscients des richesses naturelles du Sénégal, Sonko et Faye plaident pour une gestion responsable et équitable des ressources. Ils souhaitent mettre en place des politiques de transparence dans l'exploitation des ressources minières et pétrolières, garantissant que les bénéfices profitent à l'ensemble de la population et non à une élite restreinte.

L'Engagement pour les Droits de l'Homme

Les droits de l'homme occupent une place centrale dans le discours de Sonko et Faye. Ils se sont engagés à lutter contre les violations des droits humains et à promouvoir l'égalité et la justice pour tous. Leur programme inclut des réformes juridiques pour renforcer l'indépendance du pouvoir judiciaire et protéger les droits des citoyens.

Les relations entre Ousmane Sonko et Bassirou Diomaye Faye continuent d'évoluer et de se renforcer, fondées sur une vision partagée et un engagement mutuel pour le bien-être du Sénégal. Leur collaboration exemplifie comment deux leaders peuvent travailler ensemble pour naviguer les défis politiques et sociétaux, tout en inspirant et mobilisant une base large et diversifiée.

Alors que Pastef s'apprête à relever de nouveaux défis et à saisir de nouvelles opportunités, la solidité de la relation entre Sonko et Faye sera déterminante. Leur partenariat stratégique, leur communication ouverte et leur engagement commun pour un avenir meilleur continuent de définir leur succès et leur influence sur la scène politique sénégalaise.

Ce chapitre approfondit la compréhension des dynamiques internes du leadership au sein de Pastef et illustre comment Sonko et Faye ont su combiner leurs forces pour construire un mouvement politique résilient et ambitieux. Leur histoire est un témoignage de la puissance de la collaboration et de la vision partagée dans la quête du changement et du progrès.

L'Importance de la Jeunesse et de la Participation Citoyenne

Sonko et Faye ont toujours accordé une grande importance à l'inclusion de la jeunesse et à la participation citoyenne dans le processus politique. Ils ont lancé plusieurs initiatives visant à éduquer les jeunes sur leurs droits civiques et à les encourager à s'engager activement dans la vie politique. Des programmes tels que les forums de discussion, les ateliers de formation et les campagnes de sensibilisation ont été mis en place pour mobiliser les jeunes et les inciter à jouer un rôle actif dans la construction de leur avenir.

La Lutte contre la Corruption

La lutte contre la corruption est un autre pilier central de la collaboration entre Sonko et Faye. Ils ont développé des stratégies pour renforcer la transparence et la responsabilité au sein des institutions publiques. Des mesures telles que l'audit systématique des finances publiques, la création d'organismes de surveillance indépendants et la promotion de la culture de l'intégrité sont au cœur de leur programme anticorruption. Leur engagement dans cette lutte a renforcé leur crédibilité et a gagné la confiance de nombreux Sénégalais.

La Sécurité et la Stabilité

Sonko et Faye sont également conscients de l'importance de la sécurité et de la stabilité pour le développement du Sénégal. Ils ont proposé des politiques visant à renforcer les capacités des forces de sécurité, à améliorer la coopération régionale pour lutter contre le terrorisme et à promouvoir la paix et la sécurité dans les zones sensibles. Leur approche comprend également des initiatives pour adresser les causes profondes de l'insécurité, telles que la pauvreté et le manque d'opportunités économiques.

La Santé et le Bien-être

La santé publique est une priorité majeure pour Sonko et Faye. Ils ont élaboré des plans pour améliorer l'accès aux soins de santé, renforcer les infrastructures médicales et garantir une couverture santé universelle. Leurs initiatives incluent également des programmes de prévention et de sensibilisation aux maladies, ainsi que des efforts pour améliorer la nutrition et le bien-être général de la population.

L'Autonomisation des Femmes

Sonko et Faye reconnaissent le rôle crucial des femmes dans le développement du pays. Ils ont mis en avant des politiques pour promouvoir l'égalité des sexes et l'autonomisation des femmes. Ces politiques comprennent des mesures pour améliorer l'accès des

Les Défis de la Communication Politique

Un aspect souvent sous-estimé mais crucial de la relation entre Sonko et Faye est leur approche de la communication politique. Dans un environnement où la désinformation et les fake news peuvent rapidement nuire à la réputation d'un parti, Sonko et Faye ont mis en place une stratégie de communication proactive et transparente. Ils utilisent les réseaux sociaux, les conférences de presse et les meetings publics pour clarifier leurs positions et répondre aux attaques. Cette transparence a renforcé la confiance des électeurs et a permis de contrer efficacement les tentatives de désinformation.

La Résilience Face aux Crises

La capacité de Sonko et Faye à faire face aux crises a été un élément clé de leur leadership. Que ce soit lors des accusations contre Sonko ou des défis internes au parti, leur résilience et leur unité ont permis de surmonter les obstacles. En période de crise, ils ont su mobiliser leurs soutiens, maintenir la cohésion interne et adapter leur stratégie pour répondre aux nouvelles réalités. Leur gestion des crises a non seulement renforcé leur position mais a aussi démontré leur capacité à diriger dans les moments difficiles.

L'Implication dans les Affaires Locales

Sonko et Faye ont toujours soutenu que le développement du Sénégal doit passer par un renforcement des collectivités locales. Ils ont encouragé la décentralisation et ont plaidé pour une plus grande autonomie des régions. Par des initiatives locales, ils ont montré comment des solutions adaptées aux réalités locales peuvent avoir un impact significatif. Leur implication directe dans les affaires locales leur a permis de rester connectés aux préoccupations quotidiennes des citoyens.

Les Projets Pilotes et Innovations

Sous la direction de Sonko et Faye, Pastef a lancé plusieurs projets pilotes innovants pour tester et démontrer l'efficacité de leurs propositions politiques. Ces projets couvrent des domaines variés tels que l'agriculture, l'éducation et la santé. Par exemple, des programmes d'agriculture durable ont été mis en place pour aider les agriculteurs locaux à augmenter leur productivité tout en préservant l'environnement. De telles initiatives servent de modèles et montrent concrètement comment leurs politiques peuvent transformer la vie des Sénégalais.

Le Rôle de la Diaspora

Reconnaissant l'importance de la diaspora sénégalaise, Sonko et Faye ont activement cherché à engager cette communauté dans leurs projets de développement. La diaspora représente non seulement une source de financements mais aussi un réservoir de compétences et d'idées innovantes. En impliquant la diaspora dans le processus politique et économique, ils ont cherché à renforcer les liens entre les Sénégalais de l'intérieur et ceux de l'extérieur, créant ainsi une dynamique de développement plus inclusive et globale.

La Vision à Long Terme

Enfin, ce qui distingue le leadership de Sonko et Faye est leur vision à long terme pour le Sénégal. Plutôt que de se concentrer uniquement sur des gains politiques à court terme, ils ont mis en avant des stratégies et des politiques visant un développement durable et inclusif. Leur vision englobe non seulement des réformes économiques et sociales mais aussi un renforcement des institutions démocratiques pour garantir que le progrès soit durable et bénéficie à toutes les générations futures.

Les relations entre Ousmane Sonko et Bassirou Diomaye Faye illustrent parfaitement comment une collaboration stratégique et une vision partagée peuvent conduire à des transformations significatives dans un pays. Leur leadership, caractérisé par la résilience, l'innovation et une profonde compréhension des besoins locaux, a positionné Pastef comme une force politique majeure au Sénégal. Leur capacité à maintenir une relation harmonieuse et productive sera cruciale pour les défis à venir et pour la réalisation de leur vision pour un Sénégal prospère et juste.

Ce chapitre met en lumière la profondeur et la complexité des relations entre Sonko et Faye, en soulignant comment leur partenariat a été essentiel pour le développement de Pastef et pour l'avancement de leur vision politique. Leur histoire est un exemple inspirant de leadership collaboratif et de la puissance d'une vision commune dans la quête du changement.

L'Intégration de la Technologie dans la Gouvernance

Sonko et Faye ont toujours soutenu que la technologie joue un rôle crucial dans la modernisation et la transparence de la gouvernance. Ils ont proposé des initiatives visant à intégrer des solutions technologiques dans divers secteurs publics, tels que la numérisation des services administratifs, la mise en place de plateformes en ligne pour les citoyens, et l'utilisation des données pour une meilleure prise de décision. Cette approche vise à rendre le gouvernement plus accessible, efficace et responsable.

La Participation des Femmes dans la Politique

Un autre aspect essentiel de leur vision est l'inclusion des femmes dans les sphères de décision politique. Sonko et Faye ont activement encouragé la participation des femmes au sein de Pastef et ont soutenu des politiques visant à promouvoir l'égalité des genres. Ils ont également mis en avant des mesures pour lutter contre la discrimination et la violence faites aux femmes, assurant ainsi que les femmes jouent un rôle clé dans le développement du Sénégal.

La Diplomatie et les Relations Internationales

Sonko et Faye comprennent l'importance des relations internationales pour le développement du Sénégal. Ils ont œuvré pour établir des partenariats stratégiques avec des pays étrangers, des organisations internationales et des institutions financières. Leur approche diplomatique se concentre sur la promotion des intérêts du Sénégal sur la scène mondiale, la sécurisation de l'aide internationale et la promotion des investissements étrangers. Ils ont également plaidé pour une coopération régionale renforcée en Afrique de l'Ouest pour aborder les défis communs.

Les Initiatives pour l'Économie Informelle

L'économie informelle représente une grande partie de l'économie sénégalaise. Sonko et Faye ont mis en place des initiatives pour formaliser et soutenir ce secteur. Ils proposent des réformes pour faciliter l'accès au financement, améliorer les conditions de travail et offrir des protections sociales aux travailleurs informels. Leur objectif est de créer un environnement économique inclusif qui permet à tous les citoyens de prospérer.

La Réforme du Secteur Agricole

L'agriculture étant un pilier de l'économie sénégalaise, Sonko et Faye ont élaboré des politiques visant à moderniser ce secteur. Ils proposent des programmes de soutien aux agriculteurs, des initiatives pour promouvoir l'agriculture durable, et des investissements dans les infrastructures rurales. Leur vision pour le secteur agricole inclut également la diversification des cultures et l'accès aux marchés internationaux pour les produits sénégalais.

Le Développement des Infrastructures

Les infrastructures sont essentielles pour le développement économique et social. Sonko et Faye ont présenté des plans pour améliorer les infrastructures de transport, d'énergie et de communication. Ils soutiennent des projets d'infrastructure verte et durable, tels que les énergies renouvelables et les systèmes de transport écologiques. Leur approche vise à créer un cadre infrastructurel robuste qui soutient la croissance économique et améliore la qualité de vie des citoyens.

La Protection des Droits des Minorités

Sonko et Faye ont toujours plaidé pour la protection des droits des minorités et des groupes marginalisés. Ils proposent des politiques pour lutter contre la discrimination et promouvoir l'inclusion sociale. Leur engagement envers les droits de l'homme inclut des initiatives pour améliorer l'accès à la justice et protéger les droits des communautés vulnérables.

Les relations entre Ousmane Sonko et Bassirou Diomaye Faye sont un exemple puissant de leadership visionnaire et collaboratif. Leur engagement envers des valeurs de transparence, d'inclusion et de développement durable a transformé Pastef en une force politique incontournable au Sénégal. En poursuivant leur travail ensemble, ils continuent de façonner un avenir prometteur pour leur pays, en affrontant les défis avec détermination et en inspirant une nouvelle génération de leaders.

Ce chapitre conclut sur l'impact profond et durable des initiatives et des politiques mises en place par Sonko et Faye. Leur collaboration exemplifie comment une vision commune et un leadership déterminé peuvent mener à des changements significatifs et positifs pour une nation. Leur histoire continue d'inspirer et de montrer la voie vers un avenir plus juste et prospère pour le Sénégal.

La Politique Énergétique

Sonko et Faye ont toujours soutenu que l'indépendance énergétique est cruciale pour le développement économique du Sénégal. Ils ont proposé des politiques ambitieuses pour diversifier les sources d'énergie du pays et promouvoir les énergies renouvelables. Leur plan inclut des investissements dans l'énergie solaire, éolienne et hydroélectrique, ainsi que des initiatives pour améliorer l'efficacité énergétique et réduire la dépendance aux combustibles fossiles. Leur vision est de transformer le Sénégal en un leader régional dans le domaine des énergies propres, tout en assurant un accès abordable et fiable à l'énergie pour tous les citoyens.

La Réforme de la Justice

La réforme du système judiciaire est un autre pilier fondamental de la vision de Sonko et Faye pour un Sénégal plus juste et équitable. Ils ont proposé des mesures pour renforcer l'indépendance du pouvoir judiciaire, améliorer l'accès à la justice pour tous les citoyens et lutter contre la corruption au sein du système judiciaire. Leur programme inclut également des initiatives pour moderniser les tribunaux, former les juges et les avocats, et garantir que les droits de tous les citoyens sont protégés de manière équitable et transparente.

L'Urbanisation et le Logement

Avec l'urbanisation rapide du Sénégal, Sonko et Faye ont mis en avant des politiques pour gérer cette croissance de manière durable et équitable. Ils ont proposé des plans pour améliorer les infrastructures urbaines, construire des logements abordables et promouvoir un développement urbain équilibré. Leur approche vise à éviter les bidonvilles et à garantir que tous les citoyens bénéficient des opportunités offertes par la vie urbaine. Des initiatives pour améliorer les transports publics, les services de santé et les écoles dans les zones urbaines font également partie de leur vision.

La Culture et le Patrimoine

Reconnaissant l'importance de la culture et du patrimoine pour l'identité nationale, Sonko et Faye ont soutenu des initiatives pour promouvoir et préserver la riche diversité culturelle du Sénégal. Ils ont proposé des programmes pour soutenir les artistes, protéger les sites historiques et encourager les industries créatives. Leur vision inclut également la promotion du tourisme culturel comme moyen de stimuler l'économie et de partager la richesse culturelle du Sénégal avec le monde.

La Responsabilité Sociale des Entreprises

Sonko et Faye ont également plaidé pour une plus grande responsabilité sociale des entreprises (RSE) au Sénégal. Ils ont proposé des politiques pour encourager les entreprises à investir dans les communautés locales, à respecter l'environnement et à adopter des pratiques commerciales éthiques. Leur approche vise à créer un environnement où les entreprises prospèrent tout en contribuant positivement à la société et à l'économie du pays.

La Santé Mentale

La santé mentale, souvent négligée, est une priorité pour Sonko et Faye. Ils ont proposé des initiatives pour sensibiliser le public à l'importance de la santé mentale, former des professionnels de la santé mentale et améliorer l'accès aux services de soutien. Leur vision est de créer une société où la santé mentale est prise au sérieux et où ceux qui ont besoin d'aide peuvent la recevoir sans stigmatisation.

Les relations entre Ousmane Sonko et Bassirou Diomaye Faye sont une illustration vivante de la puissance du leadership collaboratif et visionnaire. Leur engagement commun pour le développement durable, la justice sociale et l'inclusion a transformé Pastef en un mouvement politique dynamique et influent. Leur travail ensemble continue de façonner un avenir prometteur pour le Sénégal, en surmontant les défis avec résilience et en inspirant une nouvelle génération de leaders.

Ce chapitre met en lumière les multiples facettes de la vision et des initiatives de Sonko et Faye. Leur partenariat exemplifie comment des valeurs partagées et une détermination commune peuvent conduire à des changements significatifs et durables. Leur histoire continue d'inspirer et de guider le Sénégal vers un avenir plus équitable et prospère.

Chapitre 8-Les Risques Potentiels pour le Duo Sonko-Faye

Bien que le partenariat entre Ousmane Sonko et Bassirou Diomaye Faye ait été largement couronné de succès, plusieurs facteurs pourraient potentiellement compromettre leur collaboration. Comprendre ces risques est crucial pour anticiper et prévenir toute crise qui pourrait menacer l'avenir de Pastef et leur vision commune pour le Sénégal.

Divergences Stratégiques

Un des principaux risques pour leur partenariat réside dans les divergences stratégiques. Si Sonko et Faye sont généralement alignés sur leur vision à long terme pour le Sénégal, des désaccords sur des questions spécifiques de politique ou de stratégie pourraient surgir. Par exemple, des différends sur les priorités en matière de réformes économiques, sociales ou environnementales pourraient créer des tensions. La capacité des deux leaders à négocier et à trouver des compromis sera essentielle pour maintenir leur collaboration.

Pressions Externes

Les pressions externes, telles que les attaques politiques, les campagnes de diffamation et les manœuvres des adversaires politiques, peuvent également mettre à l'épreuve leur relation. Les tentatives de diviser et de conquérir, où des acteurs extérieurs cherchent à semer la discorde entre Sonko et Faye, sont des tactiques courantes en politique. Leur solidarité et leur communication ouverte seront cruciales pour résister à ces pressions.

Ambitions Personnelles

Les ambitions personnelles peuvent également poser un risque pour leur partenariat. Si l'un des deux leaders commence à poursuivre des objectifs personnels qui sont perçus comme contraires aux intérêts du parti ou de l'autre, cela pourrait créer des tensions. Une gestion prudente de leurs ambitions et une mise en avant de l'intérêt collectif seront nécessaires pour éviter de telles situations.

Gestion des Crises Internes

Des crises internes, telles que des désaccords au sein du parti ou des conflits avec d'autres membres de Pastef, peuvent également affecter leur relation. La manière dont Sonko et Faye gèrent ces crises, en s'assurant de maintenir l'unité et la cohésion au sein du parti, sera déterminante pour la stabilité de leur partenariat. Une gestion efficace des conflits et un leadership inclusif seront essentiels pour prévenir les divisions internes.

Problèmes de Santé

Comme pour tout leader politique, des problèmes de santé peuvent également représenter un risque pour leur collaboration. Si l'un des deux leaders devait faire face à des problèmes de santé majeurs, cela pourrait affecter la dynamique de leur partenariat et la capacité de Pastef à maintenir son élan. La mise en place de structures de soutien et de plans de succession clairs peut aider à atténuer ce risque.

Contexte Politique et Économique

Le contexte politique et économique du Sénégal, qui est souvent marqué par des fluctuations et des incertitudes, peut également influencer leur partenariat. Des événements tels que des crises économiques, des troubles sociaux ou des changements politiques majeurs peuvent poser des défis imprévus. Leur capacité à s'adapter rapidement et à répondre efficacement à ces défis sera cruciale pour la résilience de leur partenariat.

Bien que le duo Sonko-Faye ait démontré une forte capacité à collaborer efficacement et à naviguer les défis politiques, plusieurs facteurs peuvent potentiellement menacer leur partenariat. La clé de leur succès continu réside dans leur capacité à maintenir une communication ouverte, à gérer les crises avec résilience, à aligner leurs ambitions personnelles avec les objectifs du parti, et à rester unis face aux pressions externes. En reconnaissant et en adressant ces risques potentiels de manière proactive, Sonko et Faye peuvent continuer à conduire Pastef vers de nouveaux sommets et à réaliser leur vision pour un Sénégal meilleur.

Ce chapitre explore les différents risques qui pourraient affecter le partenariat entre Sonko et Faye, offrant une compréhension des défis potentiels et des stratégies pour les surmonter. Leur histoire jusqu'à présent montre qu'avec une gestion prudente et une détermination commune, ils peuvent continuer à inspirer et à conduire des changements positifs pour le Sénégal.

Chapitre 9 ; Le regard dans cette collaboration sous le prisme du New Management

Dans le contexte du New Management (nouvelle gestion), Ousmane Sonko et Bassirou Diomaye Faye apportent plusieurs éléments pertinents qui peuvent être considérés comme des contributions significatives :

Innovation et Vision Stratégique : Ils introduisent une approche innovante en matière de gouvernance et de développement, mettant l'accent sur des politiques et des initiatives novatrices dans divers secteurs tels que l'énergie, l'agriculture durable, et la technologie. Leur vision stratégique vise à moderniser et à transformer le Sénégal à travers des solutions adaptées aux défis contemporains.

Leadership Collaboratif : Leur partenariat exemplifie un leadership collaboratif, où ils mettent en avant une gestion participative et inclusive. Cela inclut l'engagement des jeunes, la promotion de la participation citoyenne, et la consultation régulière avec divers acteurs pour informer les décisions politiques.

Transparence et Responsabilité : Ils défendent la transparence et la responsabilité dans la gestion des affaires publiques, en favorisant des pratiques gouvernementales ouvertes et en mettant en place des mécanismes de reddition de comptes. Cela renforce la confiance du public et améliore la légitimité de leur leadership.

Focus sur les Résultats et l'Impact Social : Leur approche est orientée vers la réalisation de résultats tangibles et l'impact social positif. Ils accordent une grande importance à l'évaluation des politiques publiques et à l'adaptation des stratégies en fonction des besoins réels de la population.

Gestion Agile des Changements : Face aux défis économiques, sociaux et politiques, ils démontrent une capacité à gérer de manière agile les changements et les crises. Leur flexibilité dans l'adaptation aux nouvelles réalités et leur résilience face aux obstacles renforcent leur crédibilité en tant que leaders capables de conduire le changement.

En somme, Sonko et Faye incarnent les principes du New Management en intégrant des pratiques innovantes, une gouvernance participative, une gestion stratégique des ressources, et un engagement envers l'amélioration continue et l'efficacité organisationnelle. Ces éléments combinés contribuent à positionner leur partenariat comme un modèle potentiellement inspirant pour d'autres contextes de gestion moderne et de leadership politique.

Dans le contexte du co-management entre le visionnaire et son bras droit, Ousmane Sonko et Bassirou Diomaye Faye apportent plusieurs contributions significatives qui illustrent l'efficacité d'une telle collaboration :

Complémentarité des Compétences : Bassirou Diomaye Diakhar Faye, en tant que visionnaire, apporte une vision stratégique audacieuse pour le développement du Sénégal, tandis que Sonko, en tant que bras droit, assure une exécution efficace des stratégies et des initiatives. Leur complémentarité permet une gestion équilibrée entre la planification à long terme et la gestion quotidienne des affaires.

Stabilité et Continuité : Leur partenariat offre stabilité et continuité à Pastef et à leurs initiatives. Avec une vision claire et une exécution rigoureuse, ils renforcent la résilience du parti face aux défis politiques et économiques.

Gestion de l'Équipe et Mobilisation : Ensemble, Sonko et Faye dirigent et mobilisent efficacement leur équipe et leurs supporters. Ils encouragent la collaboration et l'engagement au sein du parti, renforçant ainsi la cohésion et l'unité autour de leur vision commune.

Communication Transparente : Ils pratiquent une communication transparente et ouverte, ce qui renforce la confiance et la crédibilité du parti auprès de ses électeurs et de ses partenaires. Cela aide également à contrer les tentatives de désinformation et à maintenir une image positive de Pastef.

Innovation et Adaptation : Ensemble, ils favorisent l'innovation et l'adaptation aux changements rapides, en intégrant de nouvelles idées et en ajustant les stratégies en fonction des besoins et des conditions changeantes du pays et de la région.

En conclusion, le co-management entre Sonko et Faye représente un modèle efficace de leadership collaboratif et complémentaire. Leur partenariat montre comment une relation étroite entre un visionnaire et son bras droit peut conduire à une gestion efficace, une mobilisation réussie et une réalisation durable des objectifs politiques et sociaux.

Conclusion générale de l'ouvrage

En conclusion, l'héritage politique d'Ousmane Sonko restera gravé dans l'histoire du Sénégal comme celui d'une figure emblématique de l'opposition, un défenseur infatigable des droits des citoyens et un fervent promoteur de la démocratie et de la justice sociale. Son impact sur la politique sénégalaise moderne est indéniable, ayant réussi à mobiliser les masses autour de questions cruciales et à incarner les aspirations d'un peuple pour un changement politique significatif.

Sonko a laissé derrière lui un legs de courage, d'intégrité et de détermination qui continuera d'inspirer les générations futures à lutter pour un Sénégal plus juste, plus démocratique et plus prospère. Son engagement en faveur de la démocratie participative, de la transparence gouvernementale et de la défense des droits humains continuera de guider le pays sur la voie du progrès et de la transformation.

Malgré les défis et les obstacles rencontrés sur son chemin, Sonko restera une figure incontournable dans l'histoire politique du Sénégal, un symbole de la capacité des individus à influencer le cours de l'histoire et à promouvoir le bien commun. Son héritage politique continuera de résonner à travers le pays, rappelant à tous le pouvoir de la mobilisation citoyenne et de la lutte pour un avenir meilleur.

En honorant son héritage et en poursuivant son combat pour la justice et la dignité humaine, les citoyens sénégalais perpétueront l'impact de Sonko et contribueront à bâtir un Sénégal plus juste, plus démocratique et plus prospère pour les générations à venir.

Sonko laisse derrière lui un héritage politique riche et diversifié qui continuera d'influencer la trajectoire du Sénégal dans les années à venir. Son engagement en faveur de la démocratie, de la justice sociale et de la transparence gouvernementale a laissé une marque indélébile sur la conscience collective du pays.

Son impact sur la politique sénégalaise moderne se mesure à sa capacité à mobiliser les masses, à incarner les aspirations populaires et à susciter un débat national sur des questions cruciales telles que la gouvernance démocratique, la lutte contre la corruption et les inégalités sociales.

En tant que figure de l'opposition, Sonko a représenté un contrepoids essentiel aux forces politiques en place, défendant les droits des citoyens et exigeant la responsabilité des dirigeants. Son héritage politique sera perpétué par ceux qui partagent ses idéaux de justice et de progrès, et qui continueront à œuvrer pour un Sénégal plus juste et plus démocratique.

Alors que le pays avance vers l'avenir, l'héritage de Sonko servira de source d'inspiration et de guide pour les générations futures, les encourageant à poursuivre la lutte pour un Sénégal où chaque citoyen est respecté, où les droits sont protégés et où les opportunités sont équitables pour tous. Sonko restera à jamais une figure remarquable de l'histoire politique du Sénégal, symbolisant le pouvoir de la résilience, de la détermination et de la foi en un avenir meilleur.

Sonko laisse derrière lui un héritage politique riche et diversifié qui continuera d'influencer la trajectoire du Sénégal dans les années à venir. Son engagement en faveur de la démocratie, de la justice sociale et de la transparence gouvernementale a laissé une marque indélébile sur la conscience collective du pays.

Son impact sur la politique sénégalaise moderne se mesure à sa capacité à mobiliser les masses, à incarner les aspirations populaires et à susciter un débat national sur des questions cruciales telles que la gouvernance démocratique, la lutte contre la corruption et les inégalités sociales.

En tant que figure de l'opposition, Sonko a représenté un contrepoids essentiel aux forces politiques en place, défendant les droits des citoyens et exigeant la responsabilité des dirigeants. Son héritage politique sera perpétué par ceux qui partagent ses idéaux de justice et de progrès, et qui continueront à œuvrer pour un Sénégal plus juste et plus démocratique.

Alors que le pays avance vers l'avenir, l'héritage de Sonko servira de source d'inspiration et de guide pour les générations futures, les encourageant à poursuivre la lutte pour un Sénégal où chaque citoyen est respecté, où les droits sont protégés et où les opportunités sont équitables pour tous. Sonko restera à jamais une figure remarquable de l'histoire politique du Sénégal, symbolisant le pouvoir de la résilience, de la détermination et de la foi en un avenir meilleur.

Sonko laisse derrière lui un héritage politique marqué par son dévouement inébranlable à défendre les intérêts du peuple sénégalais. Son engagement en faveur de la démocratie et de la justice sociale a inspiré des générations entières à se lever et à agir pour un changement positif dans le pays.

Son impact sur la politique sénégalaise est profond, ayant réussi à ébranler les fondements de l'establishment politique traditionnel et à donner une voix aux voix marginalisées. Son héritage sera célébré par ceux qui continueront à lutter pour un Sénégal plus juste, plus équitable et plus démocratique.

Alors que le Sénégal avance vers l'avenir, l'héritage de Sonko continuera de servir de boussole morale pour les dirigeants et les citoyens, les incitant à poursuivre la lutte pour les valeurs fondamentales de la démocratie, de l'égalité et de la justice sociale. Sonko restera un symbole de courage et de détermination, rappelant à tous le pouvoir de l'action collective et de la persévérance dans la recherche d'un avenir meilleur.

Sonko laisse derrière lui un héritage politique qui a profondément marqué la conscience collective du Sénégal. Son engagement en faveur de la démocratie et de la justice sociale a été une source d'inspiration pour de nombreux citoyens, les incitant à se mobiliser et à agir pour un changement positif dans le pays.

Son impact sur la politique sénégalaise est indéniable, ayant réussi à remettre en question les structures politiques établies et à donner une voix aux voix marginalisées. Son héritage sera célébré par ceux qui continueront à lutter pour un Sénégal plus juste, plus équitable et plus démocratique.

Alors que le Sénégal avance vers l'avenir, l'héritage de Sonko continuera de guider les dirigeants et les citoyens dans leur quête d'un avenir meilleur. Sonko restera un symbole de courage et de détermination, rappelant à tous le pouvoir de l'action collective et de la persévérance dans la recherche d'un avenir meilleur.

Sonko laisse derrière lui un héritage politique qui a profondément marqué la conscience collective du Sénégal. Son engagement en faveur de la démocratie et de la justice sociale a été une source d'inspiration pour de nombreux citoyens, les incitant à se mobiliser et à agir pour un changement positif dans le pays.

Son impact sur la politique sénégalaise est indéniable, ayant réussi à remettre en question les structures politiques établies et à donner une voix aux voix marginalisées. Son héritage sera célébré par ceux qui continueront à lutter pour un Sénégal plus juste, plus équitable et plus démocratique.

Alors que le Sénégal avance vers l'avenir, l'héritage de Sonko continuera de guider les dirigeants et les citoyens dans leur quête d'un avenir meilleur. Sonko restera un symbole de courage et de détermination, rappelant à tous le pouvoir de l'action collective et de la persévérance dans la recherche d'un avenir meilleur.

Sonko laisse derrière lui un héritage politique qui restera gravé dans l'histoire du Sénégal. Son engagement en faveur de la démocratie et de la justice sociale a été une source d'inspiration pour de nombreux citoyens, les incitant à se mobiliser et à agir pour un changement positif dans le pays.

Son impact sur la politique sénégalaise est indéniable, ayant réussi à défier les normes politiques établies et à donner une voix aux segments marginalisés de la société. Son héritage sera célébré par ceux qui continueront à lutter pour un Sénégal plus juste, plus équitable et plus démocratique.

Alors que le Sénégal avance vers l'avenir, l'héritage de Sonko continuera d'influencer les générations futures, les encourageant à poursuivre la lutte pour un avenir meilleur. Sonko restera un symbole de courage et de détermination, rappelant à tous le pouvoir de l'action collective et de la persévérance dans la poursuite des idéaux démocratiques et sociaux.

Sonko laisse derrière lui un héritage politique qui restera gravé dans l'histoire du Sénégal. Son engagement en faveur de la démocratie et de la justice sociale a été une source d'inspiration pour de nombreux citoyens, les incitant à se mobiliser et à agir pour un changement positif dans le pays.

Son impact sur la politique sénégalaise est indéniable, ayant réussi à défier les normes politiques établies et à donner une voix aux segments marginalisés de la société. Son héritage sera célébré par ceux qui continueront à lutter pour un Sénégal plus juste, plus équitable et plus démocratique.

Alors que le Sénégal avance vers l'avenir, l'héritage de Sonko continuera d'influencer les générations futures, les encourageant à poursuivre la lutte pour un avenir meilleur. Sonko restera un symbole de courage et de détermination, rappelant à tous le pouvoir de l'action collective et de la persévérance dans la poursuite des idéaux démocratiques et sociaux.

Récapitulation des principaux points abordés dans le livre et réflexions sur l'avenir politique de Sonko et du Sénégal.

Dans le livre, nous avons exploré en profondeur l'héritage politique d'Ousmane Sonko, mettant en lumière son rôle en tant que figure emblématique de l'opposition au Sénégal. Nous avons examiné sa capacité à mobiliser les masses, à défendre les droits des citoyens et à remettre en question le statu quo politique. Son engagement en faveur de la démocratie, de la justice sociale et de la transparence gouvernementale a été une source d'inspiration pour de nombreux Sénégalais, qui voient en lui un défenseur infatigable de leurs intérêts.

Nous avons également souligné l'impact significatif de Sonko sur la politique sénégalaise moderne, son rôle dans la revitalisation de la démocratie et son héritage en tant que voix dissidente au sein de l'arène politique. Sonko a ouvert la voie à une nouvelle ère de politique sénégalaise, caractérisée par un appel à la responsabilité, à la transparence et à la justice sociale.

En ce qui concerne l'avenir politique de Sonko et du Sénégal, il est clair que son influence continuera de se faire sentir. Sonko demeurera une figure clé dans le paysage politique du Sénégal, guidant et inspirant les générations futures à poursuivre le combat pour un pays plus juste, plus démocratique et plus prospère. Son héritage politique est ancré dans sa détermination à lutter pour un Sénégal où chaque citoyen est respecté et où les droits sont protégés.

Cependant, l'avenir politique de Sonko est également soumis à diverses incertitudes et défis. Les pressions politiques et sociales continueront de peser sur lui, et il devra naviguer habilement à travers ces obstacles tout en restant fidèle à ses principes et à ses convictions. De même, le Sénégal lui-même fait face à des défis considérables, notamment en matière de gouvernance, de développement économique et de justice sociale.

Malgré ces défis, il est indéniable que Sonko incarne l'espoir et le potentiel d'un avenir meilleur pour le Sénégal. Son engagement en faveur du changement et de la transformation continuera d'inspirer les citoyens sénégalais à se mobiliser et à agir pour un avenir plus prometteur. En fin de compte, Sonko et le Sénégal sont liés par un désir commun de progrès et de justice, et leur avenir politique dépendra de leur capacité à surmonter les obstacles et à réaliser leur plein potentiel.

Dans le livre, nous avons exploré en profondeur l'héritage politique d'Ousmane Sonko, mettant en lumière son rôle en tant que figure emblématique de l'opposition au Sénégal. Nous avons examiné sa capacité à mobiliser les masses, à défendre les droits des citoyens et à remettre en question le statu quo politique. Son engagement en faveur de la démocratie, de la justice sociale et de la transparence gouvernementale a été une source d'inspiration pour de nombreux Sénégalais, qui voient en lui un défenseur infatigable de leurs intérêts.

Nous avons également souligné l'impact significatif de Sonko sur la politique sénégalaise moderne, son rôle dans la revitalisation de la démocratie et son héritage en tant que voix dissidente au sein de l'arène politique. Sonko a ouvert la voie à une nouvelle ère de politique sénégalaise, caractérisée par un appel à la responsabilité, à la transparence et à la justice sociale.

En ce qui concerne l'avenir politique de Sonko et du Sénégal, il est clair que son influence continuera de se faire sentir. Sonko demeurera une figure clé dans le paysage politique du Sénégal, guidant et inspirant les générations futures à poursuivre le combat pour un pays plus juste, plus démocratique et plus prospère. Son héritage politique est ancré dans sa détermination à lutter pour un Sénégal où chaque citoyen est respecté et où les droits sont protégés.

Cependant, l'avenir politique de Sonko est également soumis à diverses incertitudes et défis. Les pressions politiques et sociales continueront de peser sur lui, et il devra naviguer habilement à travers ces obstacles tout en restant fidèle à ses principes et à ses convictions. De même, le Sénégal lui-même fait face à des défis considérables, notamment en matière de gouvernance, de développement économique et de justice sociale.

Malgré ces défis, il est indéniable que Sonko incarne l'espoir et le potentiel d'un avenir meilleur pour le Sénégal. Son engagement en faveur du changement et de la transformation continuera d'inspirer les citoyens sénégalais à se mobiliser et à agir pour un avenir plus prometteur. En fin de compte, Sonko et le Sénégal sont liés par un désir commun de progrès et de justice, et leur avenir politique dépendra de leur capacité à surmonter les obstacles et à réaliser leur plein potentiel.

L'avenir politique de Sonko et du Sénégal dépendra également de la capacité de la société à relever les défis actuels et à saisir les opportunités émergentes. La jeunesse sénégalaise, en particulier, jouera un rôle essentiel dans la détermination de la trajectoire politique du pays. Sonko a déjà réussi à mobiliser les jeunes et à les inciter à s'impliquer dans la vie politique, et leur engagement continu sera crucial pour façonner l'avenir du pays.

De même, le Sénégal doit faire face à des défis économiques et sociaux persistants, tels que le chômage, l'accès limité aux services de santé et d'éducation, ainsi que les inégalités croissantes. Pour surmonter ces défis, il faudra un leadership politique fort, une gouvernance transparente et responsable, ainsi que des politiques publiques inclusives et équitables.

Dans ce contexte, Sonko pourrait jouer un rôle central en tant que leader politique visionnaire, capable d'inspirer et de mobiliser la population autour d'un programme de réformes ambitieux. Son engagement en faveur de la lutte contre la corruption et de la promotion de la justice sociale pourrait s'avérer crucial pour relever les défis auxquels le pays est confronté et pour réaliser son plein potentiel.

En fin de compte, l'avenir politique de Sonko et du Sénégal est entre les mains des citoyens sénégalais eux-mêmes. Leur engagement civique, leur participation démocratique et leur volonté de travailler ensemble pour un avenir meilleur seront déterminants pour façonner le cours de l'histoire du pays. Sonko continuera d'être une force motrice dans cette quête pour un Sénégal plus juste, plus démocratique et plus prospère, et son héritage politique restera une source d'inspiration pour les générations futures.

L'avenir politique de Sonko et du Sénégal dépendra également de la capacité de la société à relever les défis actuels et à saisir les opportunités émergentes. La jeunesse sénégalaise, en particulier, jouera un rôle essentiel dans la détermination de la trajectoire politique du pays. Sonko a déjà réussi à mobiliser les jeunes et à les inciter à s'impliquer dans la vie politique, et leur engagement continu sera crucial pour façonner l'avenir du pays.

De même, le Sénégal doit faire face à des défis économiques et sociaux persistants, tels que le chômage, l'accès limité aux services de santé et d'éducation, ainsi que les inégalités croissantes. Pour surmonter ces défis, il faudra un leadership politique fort, une gouvernance transparente et responsable, ainsi que des politiques publiques inclusives et équitables.

Dans ce contexte, Sonko pourrait jouer un rôle central en tant que leader politique visionnaire, capable d'inspirer et de mobiliser la population autour d'un programme de réformes ambitieux. Son engagement en faveur de la lutte contre la corruption et de la promotion de la justice sociale pourrait s'avérer crucial pour relever les défis auxquels le pays est confronté et pour réaliser son plein potentiel.

En fin de compte, l'avenir politique de Sonko et du Sénégal est entre les mains des citoyens sénégalais eux-mêmes. Leur engagement civique, leur participation démocratique et leur volonté de travailler ensemble pour un avenir meilleur seront déterminants pour façonner le cours de l'histoire du pays. Sonko continuera d'être une force motrice dans cette quête pour un Sénégal plus juste, plus démocratique et plus prospère, et son héritage politique restera une source d'inspiration pour les générations futures.

Dans cette quête pour un avenir meilleur, il est essentiel que Sonko et les autres acteurs politiques du Sénégal maintiennent leur engagement envers les valeurs démocratiques et les droits fondamentaux. Ils doivent œuvrer pour renforcer les institutions démocratiques, promouvoir la transparence et la responsabilité gouvernementale, et garantir la participation inclusive de tous les citoyens dans le processus politique.

De plus, il est impératif de poursuivre les efforts visant à stimuler le développement économique et social du pays, en mettant l'accent sur la création d'emplois, l'amélioration de l'accès aux services de base tels que l'éducation et la santé, et la réduction des inégalités sociales et économiques. Sonko et d'autres leaders politiques doivent s'engager à élaborer et à mettre en œuvre des politiques publiques qui répondent aux besoins réels de la population et qui favorisent un développement durable et inclusif.

Enfin, il est crucial de cultiver un climat politique de dialogue et de coopération, où les divergences d'opinions sont respectées et où les décisions sont prises dans l'intérêt supérieur de la nation. Sonko, en tant que leader politique influent, a un rôle important à jouer dans la promotion de cet esprit de collaboration et de consensus au sein de la société sénégalaise.

En résumé, l'avenir politique de Sonko et du Sénégal dépendra de leur capacité à relever les défis actuels tout en saisissant les opportunités futures. En restant fidèles à leurs idéaux démocratiques, en œuvrant pour le bien-être de tous les citoyens et en favorisant un climat politique de dialogue et de coopération, Sonko et les autres acteurs politiques pourront contribuer de manière significative à la construction d'un Sénégal plus fort, plus uni et plus prospère pour les générations à venir

Bibliographie

Sonko, Ousmane. Sénégal : Autopsie d'une Crise. Editions Ferlo, 2018.

Ndiaye, Babacar Justin. Ousmane Sonko, un destin en marche. Editions L'Harmattan, 2020.

Thiam, Ibrahima et Holder, Gilles. Le Sénégal sous Macky Sall. Editions Karthala, 2019.

Articles de presse :

"Portrait : Qui est Ousmane Sonko, le rebelle de la politique sénégalaise ?", Le Monde, 15 mars 2021.

"Ousmane Sonko : le parcours d'un homme en marche", Jeune Afrique, 10 février 2019.

"La montée en puissance politique d'Ousmane Sonko au Sénégal", Le Point, 25 avril 2020.

Articles de recherche :

Sène, Babacar. "Ousmane Sonko et le mouvement des indignés au Sénégal : entre contestation sociale et aspiration politique", Revue Africaine des Sciences Politiques, vol. 20, no. 2, 2019.

Diop, Aïssatou. "La montée en popularité d'Ousmane Sonko : une analyse socio-politique", Journal des Etudes Africaines, vol. 15, no. 3, 2021.

Diallo, Mamadou. "La politique économique de Ousmane Sonko : entre populisme et pragmatisme", Revue Sénégalaise d'Economie et de Finances, vol. 10, no. 1, 2018.

Sites Web :

Site officiel du parti politique de Ousmane Sonko, Pastef-Les Patriotes, consulté le 28 février 2024.

Site web du gouvernement sénégalais pour les discours officiels et les déclarations politiques, consulté le 28 février 2024.

Page Wikipedia d'Ousmane Sonko pour une biographie détaillée et des références supplémentaires, consultée le 28 février 2024.

Sommaire

I want morebooks!

Buy your books fast and straightforward online - at one of world's fastest growing online book stores! Environmentally sound due to Print-on-Demand technologies.

Buy your books online at
www.morebooks.shop

Achetez vos livres en ligne, vite et bien, sur l'une des librairies en ligne les plus performantes au monde!
En protégeant nos ressources et notre environnement grâce à l'impression à la demande.

La librairie en ligne pour acheter plus vite
www.morebooks.shop

info@omniscriptum.com
www.omniscriptum.com

Printed by Books on Demand GmbH, Norderstedt / Germany